Sladko Uživanje

Najboljše Torte in Sladice za Vse Priložnosti

Petra Novak

Vsebina

Zamrznjena glazura 12
Ledena kavna glazura 12
Zamrznjena limonina glazura 13
Oranžna glazura 13
Sladoledna glazura 14
Vanilijeva zamrznjena glazura 14
Kuhana čokoladna glazura 15
Čokoladno kokosov obliv 15
Vrh fudge 16
Nadev iz sladkega kremnega sira 16
Ameriška žametna glazura 17
Glazura iz maslene kreme 17
Karamelna glazura 18
Limonina glazura 18
Glazura s kavno masleno kremo 19
Lady Baltimore Salt 20
bela glazura 21
Kremno bela glazura 21
puhasto belo glazuro 22
glazuro iz rjavega sladkorja 23
Vanilijeva maslena glazura 24
Krema 25
Kremni nadev 26
Dansko kremno polnilo 27

Bogat nadev iz danske kreme 28

jajčna krema 29

Polnjenje z ingverjem 30

Limonin okras 31

Čokoladna glazura 32

glazura za sadno torto 33

Pomarančna sadna glazura za torto 33

Mandljevi meringue kvadratki 34

angelske kapljice 35

Mandljevi lističi 36

Bakewell Tartlets 37

Čokoladni piškoti metuljčki 38

Kokosovi piškoti 39

Sladki kolački 40

Kavne pikice 41

Eccles torte 42

pravljični piškoti 43

Pravljični piškoti s perjem 44

Genovske fantazije 45

Mandljevi makaroni 46

Kokosovi makaroni 47

Apnena pasta 48

Ovsene testenine 49

Magdalena 50

Marcipanove palačinke 51

Mafini 52

Jabolčni mafini 53

bananini mafini 54
Ribezovi mafini 55
Borovničevi ameriški mafini 56
Češnjevi mafini 57
čokoladni mafini 58
čokoladni mafini 59
cimetovo pecivo 60
Muffini iz koruzne moke 61
Mafini iz celih fig 62
Mafini s sadjem in otrobi 63
Ovseni mafini 64
Ovseni in sadni mafini 65
Pomarančni mafini 66
Breskovi mafini 67
Mafini iz arašidovega masla 68
Ananasovi mafini 69
Malinovi mafini 70
Malinovi limonini mafini 71
Sultana mafini 72
Mafini v sirupu 73
Mafini s sirupom iz ovsenih kosmičev 74
Ovseni toast 75
Jagodna omleta 76
Piškoti s poprovo meto 76
Piškoti z rozinami 78
Rozin vabi 79
Malinove žemlje 80

Rjavi riževi in sončnični piškoti ... 81

skalne torte ... 82

Koščičasti piškoti brez sladkorja ... 83

Žafranovi piškoti ... 84

Ajda z rumom ... 85

Sladkorne kroglice ... 87

Čokoladni piškoti ... 88

poletne snežne kepe ... 89

Gobove kapljice ... 90

Osnovna meringue ... 91

Mandljeva meringue ... 92

Španski piškoti z mandljevo meringo ... 93

Pečene meringue košarice ... 94

Mandljevi lističi ... 95

Španska meringa z mandlji in limono ... 96

Meringue oblite s čokolado ... 97

Čokoladno mint meringue ... 98

Čokoladni čips in meringue z oreščki ... 98

lešnikov meringue ... 99

Orehova meringue plast torta ... 100

Rezine makaronov z lešniki ... 102

Meringue in orehova plast ... 103

meringue gora ... 104

Malinova meringue krema ... 105

Ratafijske palačinke ... 106

Vacherin karamela ... 107

Samo kolački ... 108

Bogati jajčni kolački 109

jabolčni kolački 110

Jabolčni in kokosov kruh...111

Kruh z jabolki in datlji 112

kosi žita 113

Datljevi kolački..114

Zeliščni kolački 115

muesli kruh 116

Koščki pomaranče in rozine 117

Hruškovi kolački..118

Krompirjeve kiflice 119

Rozinovi kolački..120

Pogačke iz melase..121

Ingverjevi kolački iz melase 122

Sultanin kolački...123

Polnozrnat kruh v sirupu 124

Koščki jogurta 125

Kosi sira..126

Peklenski zeliščni kolački 127

Salama in sirove palčke 128

Polnozrnati kolački 129

Barbados Conky 130

Pečeni božični piškoti 131

Piškoti iz koruzne moke 132

Crumpets 133

krofi...134

ponve za krompir 135

Naan kruh 136
Ovseni kosmiči Bannocks 137
ščuka 138
Z lahkoto sprostite kolačke 139
Javorjevi kolački 140
Pogačke na žaru 141
Kosi na žaru s sirom 142
Posebne škotske palačinke 143
Škotske sadne palačinke 144
Škotske pomarančne palačinke 145
Bardo poje 146
Valižanske torte 147
Valižanske palačinke 148
Mehiški začinjen koruzni kruh 149
Švedski kruh 150
Rženi kruh in dušena koruza 151
Dušen kruh iz sladke koruze 152
Polnozrnati čapatiji 153
stiskalnica za cela zrna 154
Mandljevi piškoti 155
Mandelj privlači 156
tonzilni obroči 157
Mediteranski mandljevi piškoti 158
Mandljevi in čokoladni piškoti 159
Amiški sadni in goveji piškoti 160
Janeževi piškoti 161
Bananini ovseni piškoti s pomarančnim sokom 162

Osnovni piškotki 163
Hrustljavi krekerji 164
Sezamovi piškoti 165
Piškoti s kuminovim žganjem 166
Brandy Snapp 167
Masleni piškoti 168
Čokoladni piškoti 169
Čokoladni piškoti 170
Korenčkovi in goveji krekerji 171
Oranžno glazirani korenčkovi orehovi piškoti 172
Češnjeve torte 174
Češnjevi in mandljevi kolobarji 175
Čokoladni temni piškoti 176
Čokoladne in češnjeve rolice 177
Piškoti s koščki čokolade 178
Čokoladni in bananini piškoti 179
Čokolada in oreščki 180
Ameriški čokoladni piškoti 181
Čokoladne kreme 182
Čokoladni in lešnikovi piškoti 183
Piškoti s čokolado in muškatnim oreščkom 184
Piškoti obliti s čokolado 185
Kavni in čokoladni sendvič piškoti 186
božični piškoti 188
Kokosovi piškoti 189
Koruzni kolački s sadno kremo 190
Cornish piškoti 191

Polnozrnati piškoti z rozinami ... 192

Datljevi sendvič piškoti ... 193

Krekerji za prebavo (Graham krekerji) ... 194

Velikonočni piškoti ... 195

Firentinci ... 196

Florentinska čokolada ... 197

Luksuzna florentinska čokolada ... 198

Fudge in goveje pecivo ... 199

nemški sladoled ... 200

Ingverjeva torta ... 201

Ingverjevi piškoti ... 202

medenjak ... 203

Peklenski medenjaki ... 204

Ingverjevi in riževi krekerji ... 205

zlati piškoti ... 206

Lešnikovi piškoti ... 207

Krhki lešnikovi piškoti ... 208

Lešnikovi in mandljevi piškoti ... 209

Medene torte ... 210

Ratafijski med ... 211

Medeni piškoti iz pinjenca ... 212

Piškoti z limoninim maslom ... 213

limonini piškoti ... 214

Dobri časi ... 215

Muesli piškoti ... 216

zamrznjena glazura

Zadostuje za prekrivanje 20cm/8 torte

2/3 skodelice/100 g (pekovnega) presejanega granuliranega sladkorja

25-30 ml/1½-2 žlici vode

Nekaj kapljic barvila za hrano (neobvezno)

V posodo stresemo sladkor in ga postopoma mešamo z vodo, dokler glazura ni homogena. Po želji pobarvajte z nekaj kapljicami jedilne barve. Glazura bo neprozorna, če jo nanesemo na hladne piškote, ali prozorna, če jo nanesemo na tople piškote.

Ledena kavna glazura

Zadostuje za prekrivanje 20cm/8 torte

2/3 skodelice/100 g (pekovnega) presejanega granuliranega sladkorja

25-30 ml/1½-2 žlici zelo močne črne kave

V skledo dajte sladkor in postopoma vmešajte kavo, dokler glazura ni gladka.

Zamrznjena limonina glazura

Zadostuje za prekrivanje 20cm/8 torte

2/3 skodelice/100 g (pekovnega) presejanega granuliranega sladkorja

25-30 ml/1½-2 žlici limoninega soka

Drobno naribana lupinica 1 limone

V skledo damo sladkor in postopoma vmešamo limonin sok in lupinico, dokler glazura ni homogena.

Oranžna glazura

Zadostuje za prekrivanje 20cm/8 torte

2/3 skodelice/100 g (pekovnega) presejanega granuliranega sladkorja

25-30 ml/1½-2 žlici pomarančnega soka

drobno naribana lupinica 1 pomaranče

V skledo stresite sladkor in postopoma vmešajte pomarančni sok in lupinico, dokler glazura ni gladka.

Sladoledna glazura

Zadostuje za prekrivanje 20cm/8 torte

2/3 skodelice/100 g (pekovnega) presejanega granuliranega sladkorja

25-30 ml/1½-2 žlici ruma

V skledo damo sladkor in postopoma vmešamo rum, dokler glazura ni gladka.

Vanilijeva zamrznjena glazura

Zadostuje za prekrivanje 20cm/8 torte

2/3 skodelice/100 g (pekovnega) presejanega granuliranega sladkorja

25 ml/1½ žlice vode

Nekaj kapljic vanilijeve esence (izvleček)

V skledo dajte sladkor in postopoma vmešajte vodo in vanilijev ekstrakt, dokler glazura ni gladka.

Kuhana čokoladna glazura

Zadostuje za prekrivanje torte velikosti 23 cm/9

275 g/10 oz/1¼ skodelice granuliranega sladkorja

100 g/4 oz/1 skodelica navadne čokolade (polsladke)

50 g/2 oz/¼ skodelice kakava v prahu (nesladkana čokolada).

120 ml/4 oz/½ skodelice vode

Vse sestavine zavrite in mešajte, dokler se dobro ne povežejo. Kuhajte na zmernem ognju pri 108°C oziroma ko se med dvema žličkama naredi dolga vrvica. Nalijte v široko skledo in mešajte, dokler ni gosta in sijajna.

Čokoladno kokosov obliv

Zadostuje za prekrivanje torte velikosti 23 cm/9

175 g/6 oz/1½ skodelice navadne čokolade (polsladke)

90 ml/6 žlic vrele vode

225 g / 8 oz / 2 skodelici posušenega kokosa (nastrganega)

Čokolado in vodo zmeljemo v blenderju ali kuhinjskem robotu, nato dodamo kokos in mešamo do gladkega. Potresemo po še toplih navadnih piškotih.

Vrh fudge

Zadostuje za prekrivanje torte velikosti 23 cm/9

2 oz/¼ skodelice/50 g masla ali margarine

45 ml/3 žlice kakava v prahu (nesladkana čokolada).

60 ml/4 žlice mleka

425 g (15 oz) 2½ skodelice (slaščičarskega) granuliranega sladkorja, presejanega

5 ml/1 čajna žlička vaniljeve esence (izvleček)

V majhni kozici stopite maslo ali margarino in jo zmešajte s kakavom in mlekom. Med nenehnim mešanjem zavremo, nato odstavimo z ognja. Postopoma dodajamo sladkor in vanilijev sladkor ter stepamo do gladkega.

Nadev iz sladkega kremnega sira

Zadostuje za prekrivanje 30cm/12 torte

100 g/4 oz/½ skodelice kremnega sira

25 g/1 oz/2 žlici zmehčanega masla ali margarine

350 g (12 oz) sladkorja (slaščice), presejanega

5 ml/1 čajna žlička vaniljeve esence (izvleček)

30 ml/2 žlici čistega medu (neobvezno)

Kremni sir in maslo ali margarino rahlo stepemo, dokler ne postanejo penasti. Postopoma vmešajte sladkor in vanilijo do gladkega. Po želji sladkajte z malo medu.

Ameriška žametna glazura

Zadostuje za prekrivanje dveh tort velikosti 9/23 cm

175 g/6 oz/1½ skodelice navadne čokolade (polsladke)

120 ml/4 oz/½ skodelice kisle smetane

5 ml/1 čajna žlička vaniljeve esence (izvleček)

Ščepec soli

400 g/14 oz/21/3 skodelice (slaščice) sladkorja v prahu, presejanega

V toplotno odporni posodi nad rahlo vrelo vodo raztopimo čokolado. Odstavite z ognja in vmešajte smetano, vanilijev ekstrakt in sol. Postopoma vmešajte sladkor, dokler ni gladka.

Glazura iz maslene kreme

Zadostuje za prekrivanje torte velikosti 23 cm/9

2 oz/¼ skodelice/50 g zmehčanega masla ali margarine

250 g/9oz/1½ skodelice želenega sladkorja (slaščice), presejanega

5 ml/1 čajna žlička vaniljeve esence (izvleček)

30 ml/2 žlici smetane (svetle).

Maslo ali margarino stepamo do mehkega, nato postopoma vmešamo sladkor, vanilijevo esenco in smetano, da postane gladka in kremasta.

Karamelna glazura

Zadostuje za nadev in prekrivanje torte velikosti 23 cm/9

100 g/4 oz/½ skodelice masla ali margarine

225 g/8 oz/1 skodelica sladkega rjavega sladkorja

60 ml/4 žlice mleka

350 g (12 oz) sladkorja (slaščice), presejanega

Maslo ali margarino in sladkor na majhnem ognju ob stalnem mešanju raztopimo do gladkega. Primešamo mleko in pustimo, da zavre. Odstranite z ognja in pustite, da se ohladi. Stepajte sladkor v prahu, dokler ne dobite konsistence za mazanje.

Limonina glazura

Zadostuje za prekrivanje torte velikosti 23 cm/9

25 g/1 oz/2 žlici masla ali margarine

5 ml/1 žlička naribane limonine lupinice

30 ml/2 žlici limoninega soka

250 g/9oz/1½ skodelice želenega sladkorja (slaščice), presejanega

Stepite maslo ali margarino in limonino lupinico, da postanejo rahli in puhasti. Postopoma stepajte limonin sok in sladkor, dokler ni gladka.

Glazura s kavno masleno kremo

Zadostuje za nadev in prekrivanje torte velikosti 23 cm/9

1 beljak

75 g/3 oz/1/3 skodelice masla ali margarine, zmehčane

30 ml/2 žlici toplega mleka

5 ml/1 čajna žlička vaniljeve esence (izvleček)

15 ml/1 žlica instant kavnih zrnc

Ščepec soli

350 g (12 oz/2 skodelici) presejanega granuliranega sladkorja

Zmešamo beljake, maslo ali margarino, toplo mleko, vanilijevo esenco, kavo in sol. Postopoma vmešajte granulirani sladkor, dokler ni gladka.

Lady Baltimore Salt

Zadostuje za nadev in prekrivanje torte velikosti 23 cm/9

1/3 skodelice/2 oz/50 g sesekljanih rozin

2 oz/50 g/¼ skodelice glaziranih češenj (kandiranih), sesekljanih

2 oz/½ skodelice/50 g pekan orehov, sesekljanih

25 g/1 oz/3 žlice. suhe fige, sesekljane

2 beljaka

350 g/12 oz/1½ skodelice železnega sladkorja

Ščepec vinskega kamna

75 ml/5 žlic hladne vode

Ščepec soli

5 ml/1 čajna žlička vaniljeve esence (izvleček)

Zmešajte rozine, češnje, orehe in fige. Beljake, sladkor, vinski kamen, vodo in sol stepamo v toplotno odporni skledi nad ponvo z rahlo vrelo vodo približno 5 minut, dokler ne nastanejo čvrsti vrhovi. Odstavite z ognja in vmešajte aromo vanilije. Sadje vmešajte v tretjino sladoleda in uporabite za prelivanje piškotov. Nato preostanek namažite po vrhu in po robovih torte.

bela glazura

Zadostuje za prekrivanje torte velikosti 23 cm/9

225 g/8 oz/1 skodelica sladkorja v prahu

1 beljak

30 ml/2 žlici vode

15 ml/1 žlica zlatega sirupa (lahka koruza)

V ognjevarni skledi nad vrelo vodo stepemo sladkor, beljake in vodo. Nadaljujte s stepanjem do 10 minut, dokler se zmes ne zgosti in oblikuje čvrste vrhove. Odstavite z ognja in dodajte sirup. Nadaljujte z mešanjem, dokler se mešanica ne razprši.

Kremno bela glazura

Zadostuje za nadev in prekrivanje torte velikosti 23 cm/9

75 ml/5 žlic smetane (svetle).

5 ml/1 čajna žlička vaniljeve esence (izvleček)

75 g/3 oz/1/3 skodelice kremnega sira

2 žlički/10 ml zmehčanega masla ali margarine

Ščepec soli

350 g (12 oz) sladkorja (slaščice), presejanega

Smetano, kremo, kremni sir, maslo ali margarino in sol zmešamo v gladko testo. Postopoma vmešajte granulirani sladkor, dokler ni gladka.

puhasto belo glazuro

Zadostuje za nadev in prekrivanje torte velikosti 23 cm/9

2 beljaka

350 g/12 oz/1½ skodelice železnega sladkorja

Ščepec vinskega kamna

75 ml/5 žlic hladne vode

Ščepec soli

5 ml/1 čajna žlička vaniljeve esence (izvleček)

V toplotno odporni skledi nad ponvo z vrelo vodo stepajte beljake, sladkor, vinski kamen, vodo in sol, približno 5 minut, dokler ne nastane čvrst sneg. Odstavite z ognja in vmešajte aromo vanilije. Uporabite za mazanje torte, preostanek pa namažite po vrhu in po robovih.

glazuro iz rjavega sladkorja

Zadostuje za prekrivanje torte velikosti 23 cm/9

225 g/8 oz/1 skodelica sladkega rjavega sladkorja

1 beljak

30 ml/2 žlici vode

5 ml/1 čajna žlička vaniljeve esence (izvleček)

V ognjevarni skledi nad vrelo vodo stepemo sladkor, beljake in vodo. Nadaljujte s stepanjem do 10 minut, dokler se zmes ne zgosti in oblikuje čvrste vrhove. Odstavite z ognja in dodajte aromo vanilije. Nadaljujte z mešanjem, dokler se mešanica ne razprši.

Vanilijeva maslena glazura

Zadostuje za nadev in prekrivanje torte velikosti 23 cm/9

1 beljak

75 g/3 oz/1/3 skodelice masla ali margarine, zmehčane

30 ml/2 žlici toplega mleka

5 ml/1 čajna žlička vaniljeve esence (izvleček)

Ščepec soli

350 g (12 oz/2 skodelici) presejanega granuliranega sladkorja

Zmešamo beljake, maslo ali margarino, toplo mleko, vanilijevo esenco in sol. Postopoma vmešajte granulirani sladkor, dokler ni gladka.

Krema

Naredi 1 qt./2½ skodelice/600 ml

100 g/4 oz/½ skodelice granuliranega sladkorja

50 g/2 oz/¼ skodelice koruznega škroba

4 rumenjaki

600 ml/1 pt/2½ skodelice mleka

1 vanilijev strok (palčka)

Sladkor v prahu (slaščice), presejan, za posipanje

Polovico sladkorja stepamo s koruznim zdrobom in rumenjaki, dokler se dobro ne speni. Preostali sladkor in mleko skupaj z vanilijevim strokom zavremo. Mešanico sladkorja vmešajte v vroče mleko in nato ob stalnem mešanju ponovno pustite vreti 3 minute, dokler se ne zgosti. Prelijemo v skledo, potresemo s sladkorjem, da se ne naredi kožica in pustimo, da se ohladi. Pred uporabo ponovno pretresite.

Kremni nadev

Zadostuje za nadev torte velikosti 23 cm/9

325 ml/11 oz/11/3 skodelice mleka

45 ml/3 žlice koruzne moke (koruzni škrob)

60 g/2½ oz/1/3 skodelice sladkorja v prahu

1 jajce

15 ml/1 žlica masla ali margarine

5 ml/1 čajna žlička vaniljeve esence (izvleček)

Zmešajte 30 ml/2 žlici mleka s koruzno moko, sladkorjem in jajcem. Preostanek mleka zavremo v manjši kozici. Jajčni zmesi postopoma prilivamo toplo mleko. Ponev oplaknemo, zmes vlijemo v ponev in na majhnem ognju mešamo, dokler se ne zgosti. Zmešajte maslo ali margarino in vanilijevo esenco. Pokrijemo s peki papirjem (povoskanim) in pustimo, da se ohladi.

Dansko kremno polnilo

Za 750 ml / 1¼ točke / 3 skodelice

2 jajci

50 g/2 oz/¼ skodelice sladkornega prahu

50 g/2 oz/½ skodelice navadne moke (univerzalne)

600 ml/1 pt/2½ skodelice mleka

¼ vanilijevega stroka (stroka)

Jajca in sladkor gosto stepemo. Postopoma dodajamo moko. Zavremo mleko in vanilijev strok. Odstranite strok vanilije in v jajčno mešanico vmešajte mleko. Vrnemo v ponev in med stalnim mešanjem počasi kuhamo 2-3 minute. Pred uporabo pustite, da se ohladi.

Bogat nadev iz danske kreme

Za 750 ml / 1¼ točke / 3 skodelice

4 rumenjaki

30 ml/2 žlici sladkorja v prahu

25 ml/1½ žlice navadne moke (tako)

10 ml / 2 žlički krompirjevega škroba

450 ml/¾ pt/2 dl smetane (svetle).

Nekaj kapljic vanilijeve esence (izvleček)

¼ pt/2/3 skodelice/150 ml dvojne (težke) stepene smetane

V kozici zmešamo rumenjake, sladkor, moko in smetano. Mešajte na zmernem ognju, dokler se zmes ne začne gostiti. Dodajte vanilijevo esenco in pustite, da se ohladi. Primešamo stepeno smetano.

jajčna krema

Za 1¼ skodelice/½ pt/300 ml

2 jajci, ločeni

45 ml/3 žlice koruzne moke (koruzni škrob)

300 ml/½ pt/1¼ skodelice mleka

Nekaj kapljic vanilijeve esence (izvleček)

50 g/2 oz/¼ skodelice sladkornega prahu

V majhni ponvi zmešajte jajčne rumenjake, koruzni zdrob in mleko, dokler se dobro ne premešajo. Na zmernem ognju zavremo, nato med stalnim mešanjem kuhamo 2 minuti. Dodajte vanilijevo esenco in pustite, da se ohladi.

Beljake stepemo v čvrst sneg, nato dodamo polovico sladkorja in ponovno stepamo toliko časa, da iz beljakov nastane čvrst sneg. Vmešajte preostanek sladkorja. Vmešajte v mešanico smetane in ohladite do uporabe.

Polnjenje z ingverjem

Zadostuje za nadev torte velikosti 23 cm/9

100 g/4 oz/½ skodelice masla ali margarine, zmehčane

22/3 skodelice/1 lb/450 g (slaščičarskega) sladkorja v prahu, presejanega

5 ml/1 žlička mletega ingverja

30 ml/2 žlici mleka

75 g/3 oz/¼ skodelice temnega sirupa (melasa)

Maslo ali margarino stepemo s sladkorjem in ingverjem, da postane kremasta. Postopoma vmešajte mleko in sirup, dokler ni gladka in mazljiva. Če je nadev preredek, dodamo malo sladkorja.

Limonin okras

Naredi 250 ml / 8 fl oz / 1 skodelico

100 g/4 oz/½ skodelice granuliranega sladkorja

30 ml/2 žlici koruzne moke (koruzni škrob)

60 ml/4 žlice limoninega soka

15 ml / 1 žlica naribane limonine lupinice

120 ml/4 oz/½ skodelice vode

Ščepec soli

15 ml/1 žlica masla ali margarine

Združite vse sestavine razen masla ali margarine v majhni ponvi na majhnem ognju in nežno mešajte, dokler se dobro ne povežejo. Zavremo in kuhamo 1 minuto. Vmešajte maslo ali margarino in pustite, da se ohladi. Pred uporabo ohladite.

Čokoladna glazura

S čim glazirati torto 25 cm/10

50 g/2 oz/½ skodelice navadne (polsladke) čokolade, sesekljane

2 oz/¼ skodelice/50 g masla ali margarine

2,5 ml/½ čajne žličke vaniljeve esence (izvleček)

75 ml/5 žlic vrele vode

350 g (12 oz) sladkorja (slaščice), presejanega

Vse sestavine zmešajte v mešalniku ali kuhinjskem robotu do gladkega in po potrebi dodajte sestavine za sok. Uporabite takoj.

glazura za sadno torto

S čim glazirati torto 25 cm/10

75 ml/5 žlic zlatega sirupa (svetla koruza)

60 ml/4 žlice ananasovega ali pomarančnega soka

V majhni ponvi zmešajte sirup in sok ter zavrite. Odstavimo z ognja in zmes premažemo po vrhu in straneh ohlajene torte. Naj se usede. Glazuro ponovno zavremo in na torto nanesemo še eno plast.

Pomarančna sadna glazura za torto

S čim glazirati torto 25 cm/10

50 g/2 oz/¼ skodelice sladkornega prahu

30 ml/2 žlici pomarančnega soka

10 ml/2 žlički naribane pomarančne lupinice

Sestavine zmešajte v majhni kozici in jih med stalnim mešanjem zavrite. Odstavimo z ognja in zmes premažemo po vrhu in straneh ohlajene torte. Naj se usede. Glazuro ponovno zavremo in na torto nanesemo še eno plast.

Mandljevi meringue kvadratki

Daj 12

225 g krhkega testa

60 ml/4 žlice malinovega džema (shranjenega)

2 beljaka

50 g/2 oz/½ skodelice mletih mandljev

100 g/4 oz/½ skodelice granuliranega sladkorja

Nekaj kapljic mandljeve esence (izvleček)

1 unča/¼ skodelice narezanih mandljev (sesekljanih)

Testo razvaljamo (testo) in obložimo v pomaščen pekač za brioše 30 x 20 cm/12 x 8 (pekač za želeje). Namažemo z marmelado. Beljake trdo stepemo, nato previdno vmešamo mandlje, sladkor in mandljevo esenco. Po vrhu namažemo z marmelado in potresemo z narezanimi mandlji. Pečemo v predhodno ogreti pečici na 180°C/350°F/termostat 4 45 minut, dokler ne postanejo zlate in hrustljave. Ohladimo in nato narežemo na kvadrate.

angelske kapljice

Daj 24

2 oz/¼ skodelice/50 g zmehčanega masla ali margarine

50 g/2 oz/¼ skodelice svinjske masti (skrajšane)

100 g/4 oz/½ skodelice granuliranega sladkorja

1 majhno jajce, pretepljeno

Nekaj kapljic vanilijeve esence (izvleček)

175 g/6 oz/1½ skodelice samovzhajajoče moke (samovzhajajoča)

45 ml/3 žlice ovsa

50 g/2 oz/¼ skodelice glaziranih češenj (kandiranih), prepolovljenih

Maslo ali margarino, mast in sladkor stepamo, da postanejo rahli in puhasti. Vmešamo jajce in vanilijevo esenco, vmešamo moko in zmesimo čvrsto testo. Narežemo na majhne kroglice in povaljamo v ovsenih kosmičih. Enakomerno razporedimo po pomaščenem pekaču in potresemo vsako češnjo. Pečemo v predhodno ogreti pečici na 180°C/350°F/termostat 4 20 minut, dokler se strdi. Pustite, da se ohladi na pladnju.

Mandljevi lističi

Daj 12

100 g/4 oz/½ skodelice masla ali margarine

225 g/8 oz/2 skodelici navadne moke (univerzalne)

5 ml/1 žlička pecilnega praška

50 g/2 oz/¼ skodelice sladkornega prahu

1 jajce, ločeno

75 ml/5 žlic malinovega džema (iz pločevinke)

2/3 skodelice/100 g (pekovnega) presejanega granuliranega sladkorja

100 g / 4 oz / 1 skodelica narezanih mandljev

Maslo ali margarino vtiramo v moko in pecilni prašek, da zmes postane podobna drobtinam. Vmešamo sladkor, nato pa še rumenjaka in zgnetemo čvrsto testo. Na rahlo pomokani površini ga razvaljajte, da se prilega namaščenemu pekaču za brioše 30 x 20 cm/12 x 8. Nežno pritisnite v model in rahlo dvignite robove testa, da naredite ustnico. Namažemo z marmelado. Iz beljakov trdo stepemo sneg, ki mu postopoma dodajamo sladkor v prahu. Po vrhu namažemo z marmelado in potresemo z mandlji. Pečemo v predhodno ogreti pečici na 160 °C/325 °F/termostat 3 1 uro, dokler ne postanejo zlato rjave in se ravno strdijo. Pustite, da se ohladi v pekaču 5 minut, nato s prsti razrežite in obrnite na rešetko, da se popolnoma ohladi.

Bakewell Tartlets

Daj 24

Za pecivo:

25 g / 1 oz / 2 žlici silave (skrajšane)

25 g/1 oz/2 žlici masla ali margarine

100 g/4 oz/1 skodelica navadne moke (univerzalna)

Ščepec soli

30 ml/2 žlici vode

45 ml/3 žlice malinovega džema (iz pločevinke)

Za nadev:

2 oz/¼ skodelice/50 g zmehčanega masla ali margarine

50 g/2 oz/¼ skodelice sladkornega prahu

1 jajce, rahlo stepeno

25 g/1 oz/¼ skodelice samovzhajajoče moke (samovzhajajoča)

25 g/1 oz/¼ skodelice mletih mandljev

Nekaj kapljic mandljeve esence (izvleček)

Za testo v moko in sol vgnetemo slanino in maslo ali margarino, da zmes postane podobna drobtinam. Zmešajte toliko vode, da dobite mehko testo. Na pomokani površini ga tanko razvaljamo, narežemo na 3/7 cm velike kolobarje in z njimi obložimo dva pomaščena pekača (pekača za zrezke). Polnjeno z marmelado.

Za nadev zmešamo maslo ali margarino in sladkor ter postopoma dodajamo jajce. Vlijemo moko, mlete mandlje in mandljevo esenco. Zmes vlijemo v tartlete in robove pritrdimo na testo, da je marmelada popolnoma prekrita. Pečemo v predhodno ogreti pečici na 180°C/350°F/termostat 4 20 minut do zlato rjave barve.

Čokoladni piškoti metuljčki

Naredi približno 12 piškotov

Za piškotke:

100 g/4 oz/½ skodelice masla ali margarine, zmehčane

100 g/4 oz/½ skodelice granuliranega sladkorja

2 jajci, rahlo stepeni

100 g/4 oz/1 skodelica samovzhajajoče (samovzhajajoče) moke

30 ml/2 žlici kakava v prahu (nesladkana čokolada).

Ščepec soli

30 ml/2 žlici hladnega mleka

Za glazuro (glazuro):

2 oz/¼ skodelice/50 g zmehčanega masla ali margarine

2/3 skodelice/100 g (pekovnega) presejanega granuliranega sladkorja

10 ml/2 žlički toplega mleka

Za pripravo piškotov uporabite kremo iz masla ali margarine in sladkorja, dokler ne postanejo rahli in puhasti. Postopoma dodajajte jajca, izmenjaje z moko, kakavom in soljo, nato dodajte mleko, da dobite gladko zmes. Vlijemo v papirnate tortne modele (pekače za kolačke) ali pomaščene modele za kruh (pekače za zrezke) in pečemo v predhodno ogreti pečici na 190°/375°F/termostat 5 15-20 minut do mehkega. So dobro napihnjene in prožne. Naj se ohladi. Tortam vodoravno odrežite vrh, nato pa vrhove prerežite navpično na pol, da oblikujete metuljeva "krila".

Maslo ali margarino stepemo do mehkega, da dobimo glazuro, nato vmešamo polovico sladkorja v prahu. Stepamo mleko in nato še preostanek sladkorja. Sladoledno mešanico razdelite med piškote in nato "krila" diagonalno pritisnite na vrhove piškotov.

Kokosovi piškoti

Daj 12

100 g krhkega testa

2 oz/¼ skodelice/50 g zmehčanega masla ali margarine

50 g/2 oz/¼ skodelice sladkornega prahu

1 jajce, pretepeno

25 g / 1 oz / 2 žlici riževe moke

50 g/2 oz/½ skodelice posušenega kokosa (nastrganega)

¼ žličke/1,5 ml pecilnega praška

60 ml/4 žlice. čokoladni namaz

Testo razvaljamo (testo) in obložimo dele pekača za kruh (pekač za zrezke). Stepite maslo ali margarino in sladkor ter stepite jajca in riževo moko. Zmešajte kokos in pecilni prašek. Na vsak testeni snop (pito) namažemo žličko čokoladnega namaza. Po vrhu prelijte kokosovo zmes in pecite v predhodno ogreti pečici na 200°C/400°F/termostat 6 15 minut, dokler se ne napihne in zlato porumeni.

Sladki kolački

Daj 15

100 g/4 oz/½ skodelice masla ali margarine, zmehčane

225 g/8 oz/1 skodelica sladkorja v prahu

2 jajci

5 ml/1 čajna žlička vaniljeve esence (izvleček)

175 g/6 oz/1½ skodelice samovzhajajoče moke (samovzhajajoča)

5 ml/1 žlička pecilnega praška

Ščepec soli

75 ml/5 žlic mleka

Stepajte maslo ali margarino in sladkor, da postanejo rahli in puhasti. Postopoma dodajte jajca in pecivo, po vsakem dodajanju dobro stepite. Izmenično z mlekom dodajte moko, pecilni prašek in sol, dobro premešajte. Zmes vlijemo v papirnate modelčke (papir za kolačke) in pečemo v predhodno ogreti pečici na 190°C/375°F/termostat 5 20 minut, dokler zobotrebec v sredini ne izstopi čist.

Kavne pikice

Daj 12

Za piškotke:

100 g/4 oz/½ skodelice masla ali margarine, zmehčane

100 g/4 oz/½ skodelice granuliranega sladkorja

2 jajci, rahlo stepeni

100 g/4 oz/1 skodelica samovzhajajoče (samovzhajajoče) moke

10 ml/2 žlički kavne esence (izvleček)

Za glazuro (glazuro):

2 oz/¼ skodelice/50 g zmehčanega masla ali margarine

2/3 skodelice/100 g (pekovnega) presejanega granuliranega sladkorja

Nekaj kapljic kavne esence (izvleček)

100 g/4 oz/1 skodelica čokoladnih koščkov

Za pripravo piškotov uporabite kremo iz masla ali margarine in sladkorja, dokler ne postanejo rahli in puhasti. Postopoma dodajte jajca in dodajte moko ter kavno esenco. Zmes vlijemo v papirnate modelčke za torte (papir za kolačke), obložene z valjarjem (pekač za zrezke) in pečemo v predhodno ogreti pečici na 180°C/350°F/termostat 4 20 minut, dokler se dobro ne napihnejo in vzmetno. Naj se ohladi.

Maslo ali margarino stepite do mehkega, da dobite glazuro, nato vmešajte sladkor in kavno esenco. Namažite površino piškotov in jih okrasite s čokoladnimi koščki.

Eccles torte

Daje 16

2 oz/¼ skodelice/50 g masla ali margarine

50 g/2 oz/¼ skodelice sladkega rjavega sladkorja

225 g/8 oz/11/3 skodelice rozin

450 g listnatega testa ali listnatega testa

Malo mleka

45 ml/3 žlice finega sladkorja

Na majhnem ognju stopite maslo ali margarino in rjavi sladkor ter dobro premešajte. Odstavite z ognja in vmešajte ribez. Malo ohladimo. Testo (testo) razvaljamo na pomokani površini in izrežemo na 16 krogov. Mešanico za nadev razdelite med kroge, robove zavihajte proti sredini in namažite z vodo, da robove zaprete. Piškote obrnemo in nežno zvaljamo z valjarjem, da se rahlo sploščijo. Na vsako narežemo po tri rezine, jih pokapljamo z mlekom in potresemo s sladkorjem. Položimo na pomaščen pekač in pečemo v predhodno ogreti pečici na 200°C/400°F/termostat 6 20 minut do zlato rjave barve.

pravljični piškoti

Bo okoli 12

100 g/4 oz/½ skodelice masla ali margarine, zmehčane

100 g/4 oz/½ skodelice granuliranega sladkorja

2 jajci, rahlo stepeni

100 g/4 oz/1 skodelica samovzhajajoče (samovzhajajoče) moke

Ščepec soli

30 ml/2 žlički mleka

Nekaj kapljic vanilijeve esence (izvleček)

Stepajte maslo ali margarino in sladkor, da postanejo rahli in puhasti. Postopoma dodajajte jajca, izmenično z moko in soljo, nato dodajte mleko in vanilijevo esenco, dokler ni gladka. Vlijemo v papirnate modelčke za torte (pekače za kolačke) ali pomaščene modelčke (pekače za zrezke) in pečemo v predhodno ogreti pečici na 190°C/375°F/termostat 5 15-20 minut do mehkega.

Pravljični piškoti s perjem

Daj 12

2 oz/¼ skodelice/50 g zmehčanega masla ali margarine

50 g/2 oz/¼ skodelice sladkornega prahu

1 jajce

50 g/2 oz/½ skodelice samovzhajajoče moke (samovzhajajoča)

100 g/4 oz/2/3 skodelice (slaščičarskega) sladkorja

15 ml / 1 žlica mlačne vode

Nekaj kapljic barvila za hrano

Stepajte maslo ali margarino in sladkor, da postanejo rahli in puhasti. Postopoma dodajte jajce in nato dodajte moko. Zmes razdelite v 12 s papirjem (pekače za kolačke) obloženih modelčkov za muffine (pekače za zrezke). Pecite v predhodno ogreti pečici na 160 °C/325 °F/termostat 3 15-20 minut, dokler ne postanejo napihnjeni in elastični. Naj se ohladi.

Zmešajte kristalni sladkor in mlačno vodo. Eno tretjino glazure pobarvajte s karamelno barvo po vaši izbiri. Torto premažite z belo glazuro. Barvno glazuro v črtah razporedite po torti, nato s konico noža potegnite pravokotno na črte, najprej v eno smer, nato v drugo, da ustvarite valovit vzorec. Naj vzame.

Genovske fantazije

Daj 12

3 jajca, rahlo stepena

75 g/3 oz/1/3 skodelice granuliranega sladkorja

75 g/3 oz/¾ skodelice samovzhajajoče moke (samovzhajajoča)

Nekaj kapljic vanilijeve esence (izvleček)

25 g/1 oz/2 žlici masla ali margarine, stopljene in ohlajene

60 ml/4 žlice marelične marmelade (iz pločevinke), precejene

60 ml / 4 žlice vode

8 oz/11/3 skodelic/225 g sladkorja (slaščice), presejan

Nekaj kapljic roza in modre jedilne barve (neobvezno)

Okraski za torte

V toplotno odporno skledo nad vrelo vodo dajte jajca in sladkor v prahu. Stepamo toliko časa, da se zmes loči od pene v trakove. Dodamo moko in vanilijev ekstrakt, nato maslo ali margarino. Zmes vlijemo v pomaščen pekač 30 x 20 cm/12 x 8 in pečemo v predhodno ogreti pečici na 190°C/375°F/termostat 5 30 minut. Ohladimo in nato narežemo na oblike. Segrejte marmelado s 30 ml/2 žlici. vodo in namažemo na torte.

V skledo presejemo sladkor v prahu. Če želite, da je glazura drugačne barve, jo razdelite v ločene sklede in v sredino vsake naredite jamico. Postopoma dodajte nekaj kapljic jedilnega barvila in ravno toliko vode, da zmešate v precej gosto glazuro. Namažemo na piškote in okrasimo po želji.

Mandljevi makaroni

Daje 16

rižev papir

100 g/4 oz/½ skodelice granuliranega sladkorja

50 g/2 oz/½ skodelice mletih mandljev

5 ml/1 žlička mletega riža

Nekaj kapljic mandljeve esence (izvleček)

1 beljak

8 razpolovljenih mandljev

Pekač (kolačke) obložimo z riževim papirjem. Vse sestavine, razen blanširanih mandljev, zmešamo v čvrsto testo in dobro stepemo. Na pekač polagamo žlice zmesi in vsako obložimo s poloviČko mandlja. Pečemo v predhodno ogreti pečici na 150°C/325°F/termostat 3 25 minut. Pustite, da se ohladi na listu, in vsakega posebej prerežite ali raztrgajte, da ga ločite od lista riževega papirja.

Kokosovi makaroni

Daje 16

2 beljaka

150 g/5 oz/2/3 skodelice granuliranega sladkorja

150 g/5 oz/1¼ skodelice posušenega kokosa (nastrganega)

rižev papir

8 glaziranih češenj (kandiranih), razpolovljenih

Iz beljakov stepamo trd sneg. Stepajte sladkor, dokler masa ne dobi čvrstih vrhov. Vmešajte kokos. Na krožnik položimo krožnik riža in zmes vlijemo na krožnik. Na vsako položimo polovico češnje. Pečemo v predhodno ogreti pečici na 160°C/termostat 3 30 minut do konca. Pustite, da se rižev papir ohladi in zarežite ali raztrgajte vsakega posebej, da ga ločite od lista riževega papirja.

Apnena pasta

Daj 12

100 g krhkega testa

60 ml/4 žlice limetine marmelade

2 beljaka

50 g/2 oz/¼ skodelice sladkornega prahu

25 g/1 oz/¼ skodelice mletih mandljev

10 ml/2 žlički mletega riža

5 ml/1 čajna žlička vode pomarančnih cvetov

Testo razvaljamo (testo) in obložimo dele pekača za kruh (pekač za zrezke). V vsako pito lupino (pito lupino) vlijemo žličko marmelade. Iz beljakov stepamo trd sneg. Stepajte sladkor, dokler ne postane čvrst in sijajen. Vmešajte mandlje, riž in vodo pomarančnih cvetov. Vlijemo v modelčke, tako da marmelado popolnoma prekrijemo. Pečemo v predhodno ogreti pečici na 180°C/350°F/termostat 4 30 minut, dokler ne napihnejo in zlato porumenijo.

Ovsene testenine

Daj 24

175 g/6 oz/1½ skodelice ovsenih kosmičev

175 g/6 oz/¾ skodelice muscovado sladkorja

120 ml/4 oz/½ skodelice olja

1 jajce

2,5 ml/½ žličke soli

2,5 ml/½ čajne žličke mandljeve esence (izvleček)

Zmešajte ovsene kosmiče, sladkor in olje ter pustite 1 uro. Stepite jajca, sol in mandljevo esenco. Maso po žlicah nalagamo na pomaščen pekač in pečemo v predhodno ogreti pečici na 160°C/325°F/termostat 3 20 minut do zlato rjave barve.

Magdalena

Daje 9

100 g/4 oz/½ skodelice masla ali margarine, zmehčane

100 g/4 oz/½ skodelice granuliranega sladkorja

2 jajci, rahlo stepeni

100 g/4 oz/1 skodelica samovzhajajoče (samovzhajajoče) moke

175 g/6 oz/½ skodelice jagodne ali malinove marmelade (v pločevinki)

60 ml / 4 žlice vode

50 g/2 oz/½ skodelice posušenega kokosa (nastrganega)

5 glaziranih češenj (kandiranih), razpolovljenih

Maslo ali margarino stepemo, da postane svetlo in puhasto, nato stepemo sladkor, da postane svetlo in puhasto. Postopoma dodajamo jajca in dodajamo moko. Z žlico zložimo v devet namaščenih modelčkov za dariole in jih položimo na pekač. Pecite v predhodno ogreti pečici na 190°C/375°F/termostat 5 20 minut, dokler se dobro ne napihnejo in zlato porumenijo. Pustite, da se ohladi v modelih 5 minut, nato pa obrnite na rešetko, da se popolnoma ohladi.

Zgladite vrh vsake torte, da ustvarite enakomerno podlago. Precedite (precedite) marmelado in zavrite z vodo v majhni kozici ter mešajte, dokler se dobro ne premeša. Kokos razporedite po velikem pekaču (povoskanem). Nabodalo zapičite v dno prve torte, premažite z glazuro iz marmelade in povaljajte v kokosu, dokler ni prekrito. Položimo na servirni krožnik. Ponovite z drugimi piškoti. Okrasimo z razpolovljenimi steklenimi češnjami.

Marcipanove palačinke

Bo okoli 12

450 g/1 lb/4 skodelice mletih mandljev

2/3 skodelice/100 g (pekovnega) presejanega granuliranega sladkorja

100 g/4 oz/½ skodelice granuliranega sladkorja

30 ml/2 žlici vode

3 beljaki

Za glazuro (glazuro):

2/3 skodelice/100 g (pekovnega) presejanega granuliranega sladkorja

1 beljak

2,5 ml/½ čajne žličke kisa

Vse sestavine za torto zmešajte v ponvi in nežno mešajte, dokler testo ne vpije vse tekočine. Odstranite z ognja in pustite, da se ohladi. Na rahlo pomokani površini razvaljamo 1/2 cm debelo in narežemo na 1½/3 cm široke trakove. Narežemo na 5 cm/2 kosa, položimo na pomaščen pekač in pečemo v predhodno ogreti pečici na 150°C/300°F/termostat 2 20 minut, da po vrhu porjavi. Naj se ohladi.

Glazuro naredite tako, da beljake in kis postopoma penasto vmešate v sladkor v prahu, dokler ne dobite gladke, goste glazure. Piškote prelijemo z glazuro.

Mafini

Daj 12

225 g/8 oz/2 skodelici navadne moke (univerzalne)

100 g/4 oz/½ skodelice granuliranega sladkorja

10 ml / 2 žlički pecilnega praška

2,5 ml/½ žličke soli

1 jajce, rahlo stepeno

250 ml/8 oz/1 skodelica mleka

120 ml/4 oz/½ skodelice olja

Zmešamo moko, sladkor, pecilni prašek in sol ter v sredini naredimo jamico. Zmešajte ostale sestavine in jih vmešajte v suhe sestavine, dokler se ne povežejo. Ne mešajte preveč. Vlijemo v modelčke za mafine (papir) ali pomaščene modelčke za mafine (modčke) in pečemo v predhodno ogreti pečici na 200°C/400°F/termostat 6 20 minut, da se dobro napihnejo in zmehčajo.

Jabolčni mafini

Daj 12

225 g/8 oz/2 skodelici navadne moke (univerzalne)

100 g/4 oz/½ skodelice granuliranega sladkorja

10 ml / 2 žlički pecilnega praška

2,5 ml/½ žličke soli

1 jajce, rahlo stepeno

250 ml/8 oz/1 skodelica mleka

120 ml/4 oz/½ skodelice olja

2 jedilna jabolka (desertna), olupljena, razrezana in narezana

Zmešamo moko, sladkor, pecilni prašek in sol ter v sredini naredimo jamico. Zmešajte ostale sestavine in jih vmešajte v suhe sestavine, dokler se ne povežejo. Ne mešajte preveč. Vlijemo v modelčke za mafine (papir) ali pomaščene modelčke za mafine (modčke) in pečemo v predhodno ogreti pečici na 200°C/400°F/termostat 6 20 minut, da se dobro napihnejo in zmehčajo.

bananini mafini

Daj 12

225 g/8 oz/2 skodelici navadne moke (univerzalne)

100 g/4 oz/½ skodelice granuliranega sladkorja

10 ml / 2 žlički pecilnega praška

2,5 ml/½ žličke soli

1 jajce, rahlo stepeno

250 ml/8 oz/1 skodelica mleka

120 ml/4 oz/½ skodelice olja

2 banani, pretlačeni

Zmešamo moko, sladkor, pecilni prašek in sol ter v sredini naredimo jamico. Zmešajte ostale sestavine in jih vmešajte v suhe sestavine, dokler se ne povežejo. Ne mešajte preveč. Vlijemo v modelčke za mafine (papir) ali pomaščene modelčke za mafine (modčke) in pečemo v predhodno ogreti pečici na 200°C/400°F/termostat 6 20 minut, da se dobro napihnejo in zmehčajo.

Ribezovi mafini

Daj 12

225 g/8 oz/2 skodelici samovzhajajoče moke (samovzhajajoča)

75 g/3 oz/1/3 skodelice granuliranega sladkorja

2 beljaka

75 g/3 oz črnega ribeza

200 ml / 7 fl oz / skoraj 1 skodelica mleka

30 ml/2 žlici olja

Zmešajte moko in sladkor skupaj. Beljake narahlo penasto stepemo, nato pa jih vmešamo k suhim sestavinam. Dodamo črni ribez, mleko in olje. Vlijemo v namaščene modelčke za mafine in pečemo v predhodno ogreti pečici na 200°C/400°F/termostat 6 15-20 minut do zlato rjave barve.

Borovničevi ameriški mafini

Daj 12

150 g/5 oz/1¼ skodelice navadne moke (univerzalne)

75 g/3 oz/¾ skodelice koruzne moke

75 g/3 oz/1/3 skodelice granuliranega sladkorja

10 ml / 2 žlički pecilnega praška

Ščepec soli

1 jajce, rahlo stepeno

75 g/3 oz/1/3 skodelice masla ali margarine, stopljene

250 ml / 8 fl oz / 1 skodelica pinjenca

100g/4oz borovnic

Zmešamo moko, koruzni zdrob, sladkor, pecilni prašek in sol ter v sredini naredimo jamico. Dodamo jajce, maslo ali margarino in pinjenec ter mešamo do gladkega. Zmešajte borovnice ali robide. Kolačke nadevajte v skodelice (v papir) in jih pecite v predhodno ogreti pečici na 200°C/400°F/termostat 6 20 minut, da zlato porjavijo in postanejo prožni.

Češnjevi mafini

Daj 12

225 g/8 oz/2 skodelici navadne moke (univerzalne)

100 g/4 oz/½ skodelice granuliranega sladkorja

100 g/4 oz/½ skodelice glaziranih češenj (kandiranih)

10 ml / 2 žlički pecilnega praška

2,5 ml/½ žličke soli

1 jajce, rahlo stepeno

250 ml/8 oz/1 skodelica mleka

120 ml/4 oz/½ skodelice olja

Zmešamo moko, sladkor, višnje, pecilni prašek in sol ter v sredini naredimo jamico. Zmešajte ostale sestavine in jih vmešajte v suhe sestavine, dokler se ne povežejo. Ne mešajte preveč. Vlijemo v modelčke za mafine (papir) ali pomaščene modelčke za mafine (modčke) in pečemo v predhodno ogreti pečici na 200°C/400°F/termostat 6 20 minut, da se dobro napihnejo in zmehčajo.

čokoladni mafini

Naredi 10-12

175 g/6 oz/1½ skodelice navadne moke (univerzalne)

40 g/1½ oz/1/3 skodelice kakava v prahu (nesladkana čokolada)

100 g/4 oz/½ skodelice granuliranega sladkorja

10 ml / 2 žlički pecilnega praška

2,5 ml/½ žličke soli

1 veliko jajce

250 ml/8 oz/1 skodelica mleka

2,5 ml/½ čajne žličke vaniljeve esence (izvleček)

120 ml / 4 fl oz / ½ skodelice sončničnega ali rastlinskega olja

Suhe sestavine zmešamo in na sredini naredimo jamico. Nežno zmešajte jajce, mleko, vanilijevo esenco in olje. Hitro vmešajte tekočino v suhe sestavine, dokler se ne povežejo. Ne vozite do njega; zmes mora biti grudasta. Cupcake vlijemo v modelčke (papirčke) ali modelčke (modlice) in pečemo v predhodno ogreti pečici na 200°C/400°F/termostat 6 približno 20 minut, da se dobro napihne in postane elastičen.

čokoladni mafini

Daj 12

175 g/6 oz/1½ skodelice navadne moke (univerzalne)

100 g/4 oz/½ skodelice granuliranega sladkorja

45 ml/3 žlice kakava v prahu (nesladkana čokolada).

100 g/4 oz/1 skodelica čokoladnih koščkov

10 ml / 2 žlički pecilnega praška

2,5 ml/½ žličke soli

1 jajce, rahlo stepeno

250 ml/8 oz/1 skodelica mleka

120 ml/4 oz/½ skodelice olja

2,5 ml/½ čajne žličke vaniljeve esence (izvleček)

Zmešajte moko, sladkor, kakav, koščke čokolade, pecilni prašek in sol ter na sredini naredite jamico. Zmešajte ostale sestavine in jih vmešajte v suhe sestavine, dokler se ne povežejo. Ne mešajte preveč. Vlijemo v modelčke za mafine (papir) ali pomaščene modelčke za mafine (modčke) in pečemo v predhodno ogreti pečici na 200°C/400°F/termostat 6 20 minut, da se dobro napihnejo in zmehčajo.

cimetovo pecivo

Daj 12

225 g/8 oz/2 skodelici navadne moke (univerzalne)

100 g/4 oz/½ skodelice granuliranega sladkorja

10 ml / 2 žlički pecilnega praška

5 ml/1 žlička mletega cimeta

2,5 ml/½ žličke soli

1 jajce, rahlo stepeno

250 ml/8 oz/1 skodelica mleka

120 ml/4 oz/½ skodelice olja

Zmešamo moko, sladkor, pecilni prašek, cimet in sol ter v sredini naredimo jamico. Zmešajte ostale sestavine in jih vmešajte v suhe sestavine, dokler se ne povežejo. Ne mešajte preveč. Vlijemo v modelčke za mafine (papir) ali pomaščene modelčke za mafine (modčke) in pečemo v predhodno ogreti pečici na 200°C/400°F/termostat 6 20 minut, da se dobro napihnejo in zmehčajo.

Muffini iz koruzne moke

Daj 12

50 g/2 oz/½ skodelice navadne moke (univerzalne)

100 g/4 oz/1 skodelica koruzne moke

5 ml/1 žlička pecilnega praška

1 jajce, ločeno

1 rumenjak

30 ml/2 žlici koruznega olja

30 ml/2 žlici mleka

Zmešajte moko, koruzni zdrob in pecilni prašek. Rumenjake, olje in mleko zmešamo, nato pa vmešamo k suhim sestavinam. Iz beljakov stepemo trd beljak, nato pa ga vmešamo v zmes. Vlijemo v modelčke za mafine (papir) ali pomaščene modelčke za mafine (modčke) in pečemo v predhodno ogreti pečici na 200°C/termostat 6 približno 20 minut do zlato rjave barve.

Mafini iz celih fig

Daj mu 10

100 g/4 oz/1 skodelica polnozrnate moke

5 ml/1 žlička pecilnega praška

50 g/2 oz/½ skodelice ovsenih kosmičev

1/3 skodelice/2 oz/50 g suhih fig, sesekljanih

45 ml/3 žlice olja

75 ml/5 žlic mleka

15 ml/1 žlica temnega sirupa (melasa)

1 jajce, rahlo stepeno

Zmešajte moko, pecilni prašek in ovsene kosmiče ter nato vmešajte fige. Olje, mleko in sirup segrejte, dokler se ne povežejo, nato pa suhe sestavine zmešajte z jajcem in zmešajte trdo testo. Zmes z žlico nadevamo v modelčke za mafine (papir) ali pomaščene modelčke za mafine (modčke) in pečemo v predhodno ogreti pečici na 190°C/375°F/termostat 5 približno 20 minut do mehkega.

Mafini s sadjem in otrobi

Daj 8

100 g/4 oz/1 skodelica celih otrobov

50 g/2 oz/½ skodelice navadne moke (univerzalne)

2,5 ml/½ čajne žličke pecilnega praška

5 ml/1 čajna žlička pecilnega praška (pecilni prašek)

5 ml/1 čajna žlička. mlete začimbe (jabolčna pita)

50 g/2 oz/1/3 skodelice rozin

100 g/4 oz/1 skodelica jabolčne čemačke (omaka)

5 ml/1 čajna žlička vaniljeve esence (izvleček)

30 ml/2 žlici mleka

Suhe sestavine zmešamo in na sredini naredimo jamico. Vmešajte rozine, jabolčno omako in kremo ter toliko mleka, da dobite puhasto zmes. Vlijemo v modelčke za mafine (papir) ali pomaščene modelčke za mafine (modčke) in pečemo v predhodno ogreti pečici na 200°C/termostat 6 20 minut, da se dobro napihnejo in zlato rjavo zapečejo.

Ovseni mafini

Daj 20

100 g/4 oz/1 skodelica ovsenih kosmičev

100 g/4 oz/1 skodelica ovsenih kosmičev

225 g/8 oz/2 skodelici polnozrnate pšenične moke

10 ml / 2 žlički pecilnega praška

50 g/2 oz/1/3 skodelice rozin (neobvezno)

375 ml/13 oz/1½ skodelice mleka

10 ml / 2 žlički olja

2 beljaka

Zmešajte ovsene kosmiče, moko in pecilni prašek ter vmešajte rozine, če jih uporabljate. Zmešajte mleko in olje. Iz beljakov stepemo trd sneg, ki ga vmešamo v zmes. Vlijemo v modelčke za mafine (papir) ali pomaščene modelčke za mafine (modčke) in pečemo v predhodno ogreti pečici na 190°C/375°F/termostat 5 približno 25 minut do zlato rjave barve.

Ovseni in sadni mafini

Daj mu 10

100 g/4 oz/1 skodelica polnozrnate moke

100 g/4 oz/1 skodelica ovsenih kosmičev

15 ml/1 žlica pecilnega praška

100 g/4 oz/2/3 skodelice rozin (zlate rozine)

2 oz/½ skodelice/50 g sesekljanih orehov

1 jedilno jabolko (desertno), olupljeno, izrezano peščico in naribano

45 ml/3 žlice olja

30 ml/2 žlici čistega medu

15 ml/1 žlica temnega sirupa (melasa)

1 jajce, rahlo stepeno

90 ml/6 žlic mleka

Zmešajte moko, oves in pecilni prašek. Vmešajte rozine, orehe in jabolko. Segrevajte olje, med in sirup, dokler se ne stopijo, nato vmešajte jajce in mleko, dokler ne zavre. Vlijemo v modelčke za mafine (papir) ali pomaščene modelčke za mafine (modčke) in pečemo v predhodno ogreti pečici na 190°C/375°F/termostat 5 približno 25 minut do zlato rjave barve.

Pomarančni mafini

Daj 12

100 g/4 oz/1 skodelica samovzhajajoče (samovzhajajoče) moke

100 g/4 oz/½ skodelice sladkega rjavega sladkorja

1 jajce, rahlo stepeno

120 ml/4 oz/½ skodelice pomarančnega soka

60 ml/4 žlice olja

2,5 ml/½ čajne žličke vaniljeve esence (izvleček)

25 g/1 oz/2 žlici masla ali margarine

30 ml/2 žlici navadne moke (splošno)

2,5 ml/½ čajne žličke mletega cimeta

V skledi zmešamo moko in polovico sladkorja. Zmešajte jajce, pomarančni sok, olje in vanilijevo esenco, nato vmešajte v suhe sestavine, dokler se ravno ne povežejo. Ne mešajte preveč. Vlijemo v modelčke za mafine (papir) ali pomaščene modelčke za mafine (modčke) in pečemo v predhodno ogreti pečici na 200°C/termostat 6 10 minut.

Medtem v nadev z navadno moko vmešamo maslo ali margarino ter vmešamo preostali sladkor in cimet. Potresemo po mafinih in jih vrnemo v pečico še za 5 minut, dokler niso zlato rjavi.

Breskovi mafini

Daj 12

225 g/8 oz/2 skodelici navadne moke (univerzalne)

100 g/4 oz/½ skodelice granuliranega sladkorja

10 ml / 2 žlički pecilnega praška

2,5 ml/½ žličke soli

1 jajce, rahlo stepeno

175 ml/6 fl oz/¾ skodelice mleka

120 ml/4 oz/½ skodelice olja

1 majhna pločevinka/200 g breskev, odcejenih in narezanih

Zmešamo moko, sladkor, pecilni prašek in sol ter v sredini naredimo jamico. Zmešajte ostale sestavine in jih vmešajte v suhe sestavine, dokler se ne povežejo. Ne mešajte preveč. Vlijemo v modelčke za mafine (papir) ali pomaščene modelčke za mafine (modčke) in pečemo v predhodno ogreti pečici na 200°C/400°F/termostat 6 20 minut, da se dobro napihnejo in zmehčajo.

Mafini iz arašidovega masla

Daj 12

225 g/8 oz/2 skodelici navadne moke (univerzalne)

100 g/4 oz/½ skodelice sladkega rjavega sladkorja

10 ml / 2 žlički pecilnega praška

2,5 ml/½ žličke soli

1 jajce, rahlo stepeno

250 ml/8 oz/1 skodelica mleka

120 ml/4 oz/½ skodelice olja

45 ml/3 žlice arašidovega masla

Zmešamo moko, sladkor, pecilni prašek in sol ter v sredini naredimo jamico. Zmešajte ostale sestavine in jih vmešajte v suhe sestavine, dokler se ne povežejo. Ne mešajte preveč. Vlijemo v modelčke za mafine (papir) ali pomaščene modelčke za mafine (modčke) in pečemo v predhodno ogreti pečici na 200°C/400°F/termostat 6 20 minut, da se dobro napihnejo in zmehčajo.

Ananasovi mafini

Daj 12

225 g/8 oz/2 skodelici navadne moke (univerzalne)

100 g/4 oz/½ skodelice sladkega rjavega sladkorja

10 ml / 2 žlički pecilnega praška

2,5 ml/½ žličke soli

1 jajce, rahlo stepeno

175 ml/6 fl oz/¾ skodelice mleka

120 ml/4 oz/½ skodelice olja

200 g/7 oz/1 majhna konzerva ananasa, odcejenega in narezanega

30 ml/2 žlici demerara sladkorja

Zmešamo moko, rjavi sladkor, pecilni prašek in sol ter v sredini naredimo jamico. Združite vse druge sestavine razen sladkorja demerara in jih vmešajte v suhe sestavine, dokler se ne povežejo. Ne mešajte preveč. Kolačke nadevamo v skodelice (papirnate) ali pomaščene modelčke za mafine (modčke) in jih potresemo z demerara sladkorjem. Pecite v predhodno ogreti pečici na 200 °C/400 °F/termostat 6 20 minut, dokler se dobro ne napihnejo in ne napihnejo.

Malinovi mafini

Daj 12

225 g/8 oz/2 skodelici navadne moke (univerzalne)

100 g/4 oz/½ skodelice granuliranega sladkorja

10 ml / 2 žlički pecilnega praška

2,5 ml/½ žličke soli

200g/7oz malin

1 jajce, rahlo stepeno

250 ml/8 oz/1 skodelica mleka

120 ml/4 fl oz/½ skodelice rastlinskega olja

Zmešajte moko, sladkor, pecilni prašek in sol. Vmešajte maline in na sredini naredite jamico. Zmešamo jajca, mleko in olje ter prelijemo k suhim sestavinam. Nežno mešajte, dokler niso vključene vse suhe sestavine, vendar je zmes še vedno grudasta. Ne udarjajte premočno. Zmes vlijemo v modelčke za mafine (papir) ali pomaščene modelčke za mafine (modčke) in pečemo v predhodno ogreti pečici na 200°C/400°F/termostat 6 20 minut, dokler se strdi, napihne in elastično.

Malinovi limonini mafini

Daj 12

175 g/6 oz/1½ skodelice navadne moke (univerzalne)

50 g/2 oz/¼ skodelice sladkornega prahu

50 g/2 oz/¼ skodelice sladkega rjavega sladkorja

10 ml / 2 žlički pecilnega praška

5 ml/1 žlička mletega cimeta

Ščepec soli

1 jajce, rahlo stepeno

100 g/4 oz/½ skodelice masla ali margarine, stopljene

120 ml/4 oz/½ skodelice mleka

100 g svežih malin

10 ml/2 žlički naribane limonine lupinice

Za nadev:

75 g/3 oz/½ skodelice sladkorja (slaščice), presejanega

15 ml / 1 žlica limoninega soka

V skledi zmešamo moko, sladkor, rjavi sladkor, pecilni prašek, cimet in sol ter v sredini naredimo jamico. Dodajte jajce, maslo ali margarino in mleko ter mešajte, dokler se ne poveže. Zmešajte maline in limonino lupinico. Vlijemo v modelčke za mafine (papir) ali pomaščene modelčke za mafine (modčke) in pečemo v predhodno ogreti pečici na 180°C/350°F/termostat 4 20 minut, dokler ne postanejo zlato rjavi in prožni. Za preliv zmešamo sladkor in limonin sok ter prelijemo po toplih muffinih.

Sultana mafini

Daj 12

225 g/8 oz/2 skodelici navadne moke (univerzalne)

100 g/4 oz/½ skodelice granuliranega sladkorja

100 g/4 oz/2/3 skodelice rozin (zlate rozine)

10 ml / 2 žlički pecilnega praška

5 ml/1 čajna žlička. mlete začimbe (jabolčna pita)

2,5 ml/½ žličke soli

1 jajce, rahlo stepeno

250 ml/8 oz/1 skodelica mleka

120 ml/4 oz/½ skodelice olja

Zmešamo moko, sladkor, rozine, pecilni prašek, mešanico začimb in sol ter v sredini naredimo jamico. Zmešajte preostale sestavine, dokler se ravno ne povežejo. Vlijemo v modelčke za mafine (papir) ali pomaščene modelčke za mafine (modčke) in pečemo v predhodno ogreti pečici na 200°C/400°F/termostat 6 20 minut, da se dobro napihnejo in zmehčajo.

Mafini v sirupu

Daj 12

225 g/8 oz/2 skodelici navadne moke (univerzalne)

100 g/4 oz/½ skodelice sladkega rjavega sladkorja

10 ml / 2 žlički pecilnega praška

2,5 ml/½ žličke soli

1 jajce, rahlo stepeno

175 ml/6 fl oz/¾ skodelice mleka

60 ml/4 žlice temnega sirupa (melasa)

120 ml/4 oz/½ skodelice olja

Zmešamo moko, sladkor, pecilni prašek in sol ter v sredini naredimo jamico. Zmešajte preostale sestavine, dokler se ravno ne povežejo. Ne mešajte preveč. Vlijemo v modelčke za mafine (papir) ali pomaščene modelčke za mafine (modčke) in pečemo v predhodno ogreti pečici na 200°C/400°F/termostat 6 20 minut, da se dobro napihnejo in zmehčajo.

Mafini s sirupom iz ovsenih kosmičev

Daj mu 10

100 g/4 oz/1 skodelica navadne moke (univerzalna)

175 g/6 oz/1½ skodelice ovsenih kosmičev

100 g/4 oz/½ skodelice sladkega rjavega sladkorja

15 ml/1 žlica pecilnega praška

5 ml/1 žlička mletega cimeta

2,5 ml/½ žličke soli

1 jajce, rahlo stepeno

120 ml/4 oz/½ skodelice mleka

60 ml/4 žlice temnega sirupa (melasa)

75 ml/5 žlic olja

Zmešamo moko, oves, sladkor, pecilni prašek, cimet in sol ter v sredini naredimo jamico. Zmešajte preostale sestavine, nato pa jih vmešajte v suhe sestavine, dokler se ravno ne povežejo. Ne mešajte preveč. Vlijemo v modelčke za mafine (papir) ali pomaščene modelčke za mafine (modčke) in pečemo v predhodno ogreti pečici na 200°C/400°F/termostat 6 15 minut, da se dobro napihnejo in zmehčajo.

Ovseni toast

Daj 8

225 g/8 oz/2 skodelici ovsa

100 g/4 oz/1 skodelica polnozrnate moke

5 ml/1 čajna žlička soli

5 ml/1 žlička pecilnega praška

50 g/2 oz/¼ skodelice svinjske masti (skrajšane)

30 ml/2 žlici hladne vode

Zmešajte suhe sestavine in nato vtrite mast, dokler zmes ne postane podobna krušnim drobtinam. Vmešajte toliko vode, da dobite trdo testo. Na rahlo pomokani delovni površini razvaljajte kroge velikosti 7/18 cm in jih narežite na osem rezin. Položimo na pomaščen pekač in pečemo v predhodno ogreti pečici na 180°C/350°F/termostat 4 25 minut. Postrezite z maslom, marmelado ali marmelado.

Jagodna omleta

Daj 18

5 rumenjakov

75 g/3 oz/1/3 skodelice granuliranega sladkorja

Ščepec soli

Naribana lupinica ½ limone

4 beljaki

40 g/1½ oz/1/3 skodelice koruznega škroba

1½ oz/40 g/1/3 skodelice navadne moke (univerzalne)

40 g/1½ oz/3 žlice masla ali margarine, stopljene

300 ml/½ pt/1¼ skodelice smetane za stepanje

225 g/8 oz jagod

Sladkor v prahu (slaščice), presejan, za posipanje

Rumenjake rahlo stepemo s 25 g sladkorja in vmešamo sol in limonino lupinico. Beljake trdo stepemo, dodamo preostanek sladkorja in stepamo še v čvrst sneg. Vmešamo rumenjake, nato še koruzni zdrob in moko. Vmešamo stopljeno maslo ali margarino. Mešanico prenesite v cevno vrečko z 1 cm navadno konico in jo na namaščen in obložen pekač nanesite v kroge 6/15 cm. Pečemo v predhodno ogreti pečici na 220 °C/425 °F/termostat 7 10 minut, dokler niso ravno obarvane, vendar ne rjave. Naj se ohladi.

Sladko smetano trdo stepemo. Polovico vsakega kroga namažemo s tanko plastjo, na vrh položimo jagode in zaključimo s še kremo. Zložite vrh "omlete". Začinimo s sladkorjem in postrežemo.

Piškoti s poprovo meto

Daj 12

100 g/4 oz/½ skodelice masla ali margarine, zmehčane

100 g/4 oz/½ skodelice granuliranega sladkorja

2 jajci, rahlo stepeni

75 g/3 oz/¾ skodelice samovzhajajoče moke (samovzhajajoča)

10 ml/2 žlički kakava v prahu (nesladkana čokolada).

Ščepec soli

8 oz/11/3 skodelic/225 g sladkorja (slaščice), presejan

30 ml/2 žlici vode

Nekaj kapljic zelene jedilne barve

Nekaj kapljic esence poprove mete (izvleček)

Čokoladni mandlji, razpolovljeni za okras

Maslo ali margarino in sladkor stepemo, da postanejo zračni in postopoma vmešamo jajca. Zmešajte moko, kakav in sol. Vlijemo v pomaščene modelčke (pekače za zrezke) in pečemo v predhodno ogreti pečici na 200°C/400°F/termostat 6 10 minut, dokler ne naraste. Naj se ohladi.

V skledo presejemo granulirani sladkor in ga zmešamo s 15 ml/1 žlico vode, dodamo jedilno barvilo in olje poprove mete po okusu. Dodajte poljubno vodo do konsistence, da prekrije hrbtno stran žlice. Torte namažemo z glazuro in okrasimo s koščki čokoladne mete.

Piškoti z rozinami

Daj 12

175 g/6 oz/1 skodelica rozin

250 ml / 8 fl oz / 1 skodelica vode

5 ml/1 čajna žlička pecilnega praška (pecilni prašek)

100 g/4 oz/½ skodelice masla ali margarine, zmehčane

100 g/4 oz/½ skodelice sladkega rjavega sladkorja

1 jajce, pretepeno

5 ml/1 čajna žlička vaniljeve esence (izvleček)

200 g/7 oz/1¾ skodelice navadne moke (univerzalne)

5 ml/1 žlička pecilnega praška

Ščepec soli

V kozici zavremo rozine, vodo in pecilni prašek ter počasi kuhamo 3 minute. Pustite, da se ohladi na temperaturo roke. Stepajte maslo ali margarino in sladkor, da postanejo rahli in puhasti. Dodamo jajce in vanilijevo aromo. Vmešajte mešanico rozin, nato moko, pecilni prašek in sol. Zmes vlijemo v modelčke za mafine (papir) ali pomaščene modelčke za mafine (modčke) in pečemo v predhodno ogreti pečici na 180°C/350°F/termostat 4 12-15 minut, da se dobro napihnejo in zlato porumenijo.

Rozin vabi

Daj 24

225 g/8 oz/2 skodelici navadne moke (univerzalne)

Ščepec mletih začimb (jabolčna pita)

5 ml/1 čajna žlička pecilnega praška (pecilni prašek)

225 g/8 oz/1 skodelica sladkorja v prahu

45 ml/3 žlice. mleti mandlji

8 oz/1 skodelica masla ali margarine, stopljene

45 ml/3 žlice rozin

1 jajce, rahlo stepeno

Suhe sestavine zmešamo, dodamo stopljeno maslo ali margarino, nato rozine in jajca. Dobro premešamo v trdo testo. Na rahlo pomokani površini ga razvaljajte na približno ¼ x 5 mm debelo in narežite na 5 mm x 20 cm / ¼ x 8 palcev trakove. Zgornjo površino rahlo navlažite z vodo in zvijte vsak trak s krajšega konca. Položimo na pomaščen pekač in pečemo v predhodno ogreti pečici na 200°C/400°F/termostat 6 15 minut do zlato rjave barve.

Malinove žemlje

Naredi 12 žemljic

225 g/8 oz/2 skodelici navadne moke (univerzalne)

7,5 ml/½ žlice pecilnega praška

2,5 ml/½ čajne žličke. mlete začimbe (jabolčna pita)

Ščepec soli

75 g/3 oz/1/3 skodelice masla ali margarine

75 g/3 oz/1/3 skodelice granuliranega sladkorja in več za namakanje

1 jajce

60 ml/4 žlice mleka

60 ml/4 žlice malinovega džema (shranjenega)

Moko, pecilni prašek, začimbe in sol zmešamo in vgnetemo v maslo ali margarino, dokler zmes ne postane podobna drobtinam. Zmešajte sladkor. Zmešajte toliko jajca in mleka, da dobite trdo testo. Razdelite na 12 kroglic in jih položite na pomaščen pekač. V sredino vsakega s prstom naredite jamico in vanjo vlijte malinovo marmelado. Premažemo z mlekom in potresemo s sladkorjem. Pečemo v predhodno ogreti pečici na 220°C/425°F/termostat 7 10-15 minut do zlato rjave barve. Po potrebi zalijemo z malo marmelade.

Rjavi riževi in sončnični piškoti

Daj 12

75 g/3 oz/¾ skodelice kuhanega rjavega riža

50 g/2 oz/½ skodelice sončničnih semen

25 g/1 oz/¼ skodelice sezamovih semen

40 g/1½ oz/¼ skodelice rozin

40 g/1½ oz/¼ skodelice glaziranih češenj (kandiranih), na četrtine narezane

25 g/1 oz/2 žlici sladkega rjavega sladkorja

15 ml / 1 žlica čistega medu

75 g/3 oz/1/3 skodelice masla ali margarine

5 ml/1 žlička limoninega soka

Riž, semena in sadje zmešamo skupaj. Sladkor, med, maslo ali margarino in limonin sok raztopimo in vmešamo v riževo zmes. Razdelite v 12 modelčkov in pecite v predhodno ogreti pečici na 200°C/400°F/termostat 6 15 minut.

skalne torte

Daj 12

225 g/8 oz/2 skodelici navadne moke (univerzalne)

Ščepec soli

10 ml / 2 žlički pecilnega praška

2 oz/¼ skodelice/50 g masla ali margarine

50 g/2 oz/¼ skodelice svinjske masti (skrajšane)

2/3 skodelice/100 g suhega sadja (mešanica za sadno torto)

100 g/4 oz/½ skodelice demerara sladkorja

Naribana lupinica ½ limone

1 jajce

15-30 ml/1-2 žlici mleka

Zmešamo moko, sol in pecilni prašek ter vmešamo maslo ali margarino in mast, da zmes postane podobna drobtinam. Zmešajte sadje, sladkor in limonino lupinico. Jajce stepemo s 15 ml/1 žlico mleka, dodamo suhe sestavine in zmesimo trdo testo, po potrebi dodamo še mleko. Majhne kupčke zmesi položite na pomaščen pekač in pecite v predhodno ogreti pečici na 200°C/400°F/termostat 6 15-20 minut do zlato rjave barve.

Koščičasti piškoti brez sladkorja

Daj 12

75 g/3 oz/1/3 skodelice masla ali margarine

175 g/6 oz/1¼ skodelice polnozrnate pšenične moke

50 g/2 oz/½ skodelice ovsenih kosmičev

10 ml / 2 žlički pecilnega praška

5 ml/1 žlička mletega cimeta

100 g/4 oz/2/3 skodelice rozin (zlate rozine)

naribana lupinica 1 limone

1 jajce, rahlo stepeno

90 ml/6 žlic mleka

V moko, pecilni prašek in cimet vgnetemo maslo ali margarino, dokler zmes ne postane podobna drobtinam. Vmešajte sultanke in limonino lupinico. Dodajte jajce in toliko mleka, da dobite gladko zmes. Žličnike polagamo na pomaščen pekač in pečemo v predhodno ogreti pečici na 200°C/400°F/termostat 6 15-20 minut do zlato rjave barve.

Žafranovi piškoti

Daj 12

Ščepec mletega žafrana

75 ml/5 žlic vrele vode

75 ml/5 žlic hladne vode

100 g/4 oz/½ skodelice masla ali margarine, zmehčane

225 g/8 oz/1 skodelica sladkorja v prahu

2 jajci, rahlo stepeni

225 g/8 oz/2 skodelici navadne moke (univerzalne)

10 ml / 2 žlički pecilnega praška

2,5 ml/½ žličke soli

175 g/6 oz/1 skodelica rozin (zlate rozine)

175 g/6 oz/1 skodelica sesekljane mešane lupine (kandirane)

Žafran za 30 minut namočite v vrelo vodo, nato dodajte hladno vodo. Maslo ali margarino in sladkor stepemo, da postanejo zračni in postopoma vmešamo jajca. Presejte moko s pecilnim praškom in soljo, nato pa ½ skodelice/50 g mešanice moke vmešajte v rozine in mešano skorjo. V stepeno smetano izmenično z žafranovo vodo dodajamo moko in nato dodamo sadje. Vlijemo v pomaščene in pomokane modelčke za mafine (papir) ali pekače za mafine in pečemo v predhodno ogreti pečici na 190°C/375°F/termostat 5 približno 15 minut, dokler površina ni elastična.

Ajda z rumom

Daj 8

100 g/4 oz/1 skodelica večnamenske moke (kruh)

5 ml/1 žličko suhega kvasa nežno premešajte

Ščepec soli

45 ml/3 žlice toplega mleka

2 jajci, rahlo stepeni

2 oz/¼ skodelice/50 g masla ali margarine, stopljene

25 g / 1 oz / 3 žlice rozin

Za sirup:
250 ml / 8 fl oz / 1 skodelica vode

75 g/3 oz/1/3 skodelice granuliranega sladkorja

20 ml/4 žličke limoninega soka

60 ml/4 žlice ruma

Za preprogo in dekoracijo:
60 ml/4 žlice marelične marmelade (iz pločevinke), precejene

15 ml/1 žlica vode

¼ pt/2/3 skodelice/150 ml smetane za stepanje ali dvojne smetane (težka)

4 glazirane češnje (kandirane), razpolovljene

Nekaj rezin angelike, narezanih na trikotnike

V skledi zmešamo moko, pecilni prašek in sol ter v sredini naredimo jamico. Zmešamo mleko, jajca in maslo ali margarino ter iz moke stepemo gladko testo. Zmešajte ribez. Maso vlijemo v osem ločenih namazanih in pomokanih obročastih modelčkov (cevastih modelčkov), tako da obsega le tretjino višine modelčkov. Pokrijemo z naoljeno folijo za živila (plastično folijo) in pustimo na toplem 30 minut, da testo naraste nad modelčki. Pečemo v predhodno ogreti pečici na 200°C/400°F/termostat 6 15 minut do zlato rjave barve. Modele obrnite in pustite, da se ohladijo 10 minut, nato torte odstranite iz modelov in jih položite v velik ploščat model. Vse skupaj jih prebodemo z vilicami.

Za pripravo sirupa na majhnem ognju segrevajte vodo, sladkor in limonin sok ter mešajte, dokler se sladkor ne raztopi. Ogenj povečamo in zavremo. Odstavite z ognja in vmešajte rum. Torte prelijemo z vročim sirupom in pustimo, da se namakajo 40 minut.

Na majhnem ognju segrevajte marmelado in vodo, dokler se dobro ne premešata. Po vrhu razporedimo babo in jo položimo na servirni krožnik. Stepite smetano in jo nanesite na sredino vsakega piškota. Okrasite s češnjami in angeliko.

Sladkorne kroglice

Daj 24

5 rumenjakov

75 g/3 oz/1/3 skodelice granuliranega sladkorja

7 beljakov

75 g/3 oz/¾ skodelice koruznega škroba

50 g/2 oz/½ skodelice navadne moke (univerzalne)

Rumenjake stepamo s 15 ml/1 žlico sladkorja do rahle in goste mase. Beljake stepemo v trd sneg in stepemo s preostalim sladkorjem, da postane gost in sijajen. S kovinsko žlico vmešajte koruzni zdrob. S kovinsko žlico vmešamo polovico rumenjakov v beljake in dodamo preostale rumenjake. Nežno vmešajte moko. Mešanico prenesite v cevno vrečko z navadno konico 2,5 cm/1 (konica) in polpete položite dobro narazen na pomaščen in obložen pekač. Pecite v predhodno ogreti pečici na 200 °C/400 °F/termostat 6 5 minut, nato znižajte temperaturo pečice na 180 °C/350 °F/termostat 4 za nadaljnjih 10 minut, dokler ne postanejo zlate in prožne. Kontakt.

Čokoladni piškoti

Daj 12

5 rumenjakov

75 g/3 oz/1/3 skodelice granuliranega sladkorja

7 beljakov

75 g/3 oz/¾ skodelice koruznega škroba

50 g/2 oz/½ skodelice navadne moke (univerzalne)

60 ml/4 žlice marelične marmelade (iz pločevinke), precejene

30 ml/2 žlici vode

1 količina kuhane čokoladne glazure

¼ žličke/150 ml/2/3 skodelice smetane za stepanje

Rumenjake stepamo s 15 ml/1 žlico sladkorja, dokler ne nastanejo svetli vrhovi. Beljake stepemo v trd sneg in stepemo s preostalim sladkorjem, da postane gost in sijajen. S kovinsko žlico vmešajte koruzni zdrob. S kovinsko žlico vmešamo polovico rumenjakov v beljake in dodamo preostale rumenjake. Nežno vmešajte moko. Mešanico prenesite v cevno vrečko z navadno konico 2,5 cm/1 (konica) in polpete položite dobro narazen na pomaščen in obložen pekač. Pecite v predhodno ogreti pečici na 200 °C/400 °F/termostat 6 5 minut, nato znižajte temperaturo pečice na 180 °C/350 °F/termostat 4 za nadaljnjih 10 minut, dokler ne postanejo zlate in prožne. Kontakt. Prenos na mrežo.

Zakuhajte marmelado in vodo, dokler se ne zgostita in dobro premešata, nato s čopičem namažite vrh peciva. Naj se ohladi. Biskvit pomočimo v čokoladno glazuro in pustimo, da se ohladi. Smetano trdo stepemo in nato k smetani primešamo piškote.

poletne snežne kepe

Daj 24

100 g/4 oz/½ skodelice masla ali margarine, zmehčane

100 g/4 oz/½ skodelice granuliranega sladkorja

5 ml/1 čajna žlička vaniljeve esence (izvleček)

2 jajci, rahlo stepeni

225 g/8 oz/2 skodelici samovzhajajoče moke (samovzhajajoča)

120 ml/4 oz/½ skodelice mleka

120 ml / 4 fl oz / ½ skodelice dvojne smetane (težke)

25 g/1 oz/3 žlice. železni sladkor (slaščice), presejan

60 ml/4 žlice marelične marmelade (iz pločevinke), precejene

30 ml/2 žlici vode

150 g/5 oz/1¼ skodelice posušenega kokosa (nastrganega)

Stepajte maslo ali margarino in sladkor, da postanejo rahli in puhasti. Postopoma dodajajte vanilijevo esenco in jajca, nato moko, izmenično z mlekom. Zmes vlijemo v pomaščene modelčke za mafine in pečemo v predhodno ogreti pečici na 180°C/350°F/termostat 4 15 minut, da se dobro napihnejo in zmehčajo. Prenesite na rešetko, da se ohladi. Muffinom odrežemo vrhove.

Smetano in sladkor v prahu stepemo do trdega, nato ga malo prelijemo na vsak mafin in ponovno pokrijemo. Marmelado segrevajte z vodo, dokler se ne zmeša, nato namažite po mafinih in izdatno potresite s kokosom.

Gobove kapljice

Daj 12

3 jajca, pretepena

100 g/4 oz/½ skodelice granuliranega sladkorja

2,5 ml/½ čajne žličke vaniljeve esence (izvleček)

100 g/4 oz/1 skodelica navadne moke (univerzalna)

5 ml/1 žlička pecilnega praška

100 g/4 oz/1/3 skodelice malinovega džema (v pločevinki)

¼ pt/2/3 skodelice/150 ml dvojne (težke) stepene smetane

Sladkor v prahu (slaščice), presejan, za posipanje

V ponev z vrelo vodo dajte jajca, sladkor v prahu in vanilijev sladkor v toplotno odporno posodo in mešajte, dokler se zmes ne zgosti. Odstranite skledo iz ponve in vmešajte moko in pecilni prašek. Maso po žličkah nalagamo na pomaščen pekač in pečemo v predhodno ogreti pečici na 190°C/375°F/termostat 5 10 minut do zlato rjave barve. Prenesite na rešetko in pustite, da se ohladi. Kapljice zmešamo z marmelado in smetano ter pred serviranjem potresemo s sladkorjem.

Osnovna meringue

Transakcija 6.-8

2 beljaka

100 g/4 oz/½ skodelice granuliranega sladkorja

V čisti skledi brez maščobe stepamo beljake, dokler ne začnejo nastajati mehki sneg. Dodamo polovico sladkorja in stepamo dokler masa ne postane čvrsta. S kovinsko žlico nežno vmešajte preostali sladkor. Pekač obložite s peki papirjem in nanj razporedite 6 do 8 meringue cvetov. Meringue sušimo v pečici na najnižji možni temperaturi 2 do 3 ure. Ohladite na rešetki.

Mandljeva meringue

Daj 12

2 beljaka

100 g/4 oz/½ sladkorja v prahu

100 g/4 oz/1 skodelica mletih mandljev

Nekaj kapljic mandljeve esence (izvleček)

12 polovic mandljev za okras

Iz beljakov stepamo trd sneg. Dodamo polovico sladkorja in še naprej stepamo, dokler zmes ne dobi čvrstih vrhov. Dodamo preostali sladkor, mlete mandlje in mandljevo esenco. Na pomaščen in obložen pekač razdelite zmes na 12 krogov in na vsakega položite mandljevo polovico. Pecite v predhodno ogreti pečici na 130 °C/250 °F/termostat ½ 2-3 ure, dokler ne postane hrustljav.

Španski piškoti z mandljevo meringo

Daje 16

225 g/8 oz/1 skodelica sladkorja v prahu

225 g/8 oz/2 skodelici mletih mandljev

1 beljak

100 g/4 oz/1 skodelica celih mandljev

Sladkor, mlete mandlje in beljake stepemo v gladek sneg. Oblikujte kroglo in z valjanjem testo sploščite. Narežemo na majhne kroge in položimo na pomaščen pekač. V sredino vsakega piškota vtisnite cel mandelj. Pečemo v predhodno ogreti pečici na 160°C/325°F/termostat 3 15 minut.

Pečene meringue košarice

Daj 6
4 beljaki

225-250g/8-9oz/11/3-1½ skodelice sladkorja v prahu (slaščice), presejanega

Nekaj kapljic vanilijeve esence (izvleček)

V čisti, na vročino odporni skledi brez maščobe stepemo beljake, ki jim postopoma vmešamo sladkor in vanilijev sladkor. Skledo postavite nad ponev z vrelo vodo in mešajte, dokler meringue ne obdrži svoje oblike in pusti gosto sled, ko metlico dvignete. Pekač obložite s peki papirjem in na papir narišite šest krogov velikosti 7,5 cm/3. V vsak krog položite polovico meringue zmesi. Preostanek dajte v cevno vrečko in na rob vsake podlage nanesite dve plasti meringue. Sušite v predhodno ogreti pečici na 150°C/300°F/termostat 2 približno 45 minut.

Mandljevi lističi

Daj mu 10

2 beljaka

100 g/4 oz/½ skodelice granuliranega sladkorja

75 g/3 oz/¾ skodelice mletih mandljev

25 g/1 oz/2 žlici zmehčanega masla ali margarine

2 oz/1/3 skodelice (slaščice) 50 g sladkorja, presejanega

10 ml/2 žlički kakava v prahu (nesladkana čokolada).

50 g/2 oz/½ skodelice navadne (polsladke) čokolade, stopljene

Iz beljakov stepamo trd sneg. Postopoma dodajte sladkor v prahu. Vmešamo mlete mandlje. Na rahlo naoljen pekač s konico za cevke ½/1 cm razporedite zmes na dolžino 2/5 cm. Pečemo v predhodno ogreti pečici na 140°C/termostat 1 1h30 do 1h30. Naj se ohladi.

Stepite maslo ali margarino, sladkor in kakav. Sendviči s piškoti (piškoti) z nadevom. V toplotno odporni posodi nad rahlo vrelo vodo raztopimo čokolado. Konce meringue pomočimo v čokolado in pustimo, da se ohladijo na rešetki.

Španska meringa z mandlji in limono

Daj 30

150 g / 5 oz / 1¼ skodelice blanširanih mandljev

2 beljaka

Naribana lupinica ½ limone

200 g/7 oz/ samo 1 skodelica granuliranega sladkorja

10 ml/2 žlički limoninega soka

Mandlje pečemo v predhodno ogreti pečici na 150°C/300°F/termostat 2 približno 30 minut, dokler ne postanejo zlate in dišeče. Tretjino oreščkov grobo sesekljajte, ostale pa drobno sesekljajte.

Iz beljakov stepamo trd sneg. Vmešamo limonino lupinico in dve tretjini sladkorja. Dodamo limonin sok in stepamo, da postane čvrsta in sijajna. Dodamo preostanek sladkorja in mlete mandlje. Vmešamo sesekljane mandlje. Kepice meringe položimo na pomaščen, s folijo obložen pekač in postavimo v ogreto pečico. Takoj znižajte temperaturo pečice na 110 °C/225 °F/termostat ¼ in pecite približno 1 uro 30 minut, dokler ni suha.

Meringue oblite s čokolado

Daj 4

2 beljaka

100 g/4 oz/½ skodelice granuliranega sladkorja

100 g/4 oz/1 skodelica navadne čokolade (polsladke)

¼ pt/2/3 skodelice/150 ml dvojne (težke) stepene smetane

V čisti skledi brez maščobe stepamo beljake, dokler ne začnejo nastajati mehki sneg. Dodamo polovico sladkorja in stepamo dokler masa ne postane čvrsta. S kovinsko žlico nežno vmešajte preostali sladkor. Pekač obložimo s peki papirjem in nanj položimo osem meringu. Meringue sušimo v pečici na najnižji možni temperaturi 2 do 3 ure. Ohladite na rešetki.

V toplotno odporni posodi nad vrelo vodo stopite čokolado. Malo ohladimo. Štiri meringue previdno pomočite v čokolado, tako da so zunanje površine prekrite. Pustite sedeti na pergamentnem papirju (povoskanem), dokler se strdi. S smetano namažite meringue oblit s čokolado in navaden meringue ter ponovite s preostalimi meringue.

Čokoladno mint meringue

Daj 18

3 beljaki

100 g/4 oz/½ skodelice granuliranega sladkorja

75 g/3 oz/¾ skodelice sesekljane mete, prekrite s čokolado

Iz beljakov stepamo trd sneg. Postopoma stepamo sladkor, dokler beljaki niso čvrsti in sijoči. Vmešamo sesekljano meto. Z majhnimi žlicami mešanice nalivajte na pomaščen, obložen pekač in pecite v predhodno ogreti pečici na 140 °C/275 °F/termostat 1 1 1½ ure, dokler se ne posuši.

Čokoladni čips in meringue z oreščki

Daj 12

2 beljaka

175 g/6 oz/¾ skodelice granuliranega sladkorja

50 g/2 oz/½ skodelice čokoladnih koščkov

1 unča/¼ skodelice sesekljanih orehov

Pečico segrejte na 190°C/375°F/termostat 5. Stepajte beljake do mehkega snega. Postopoma dodajamo sladkor in stepamo, da nastane čvrsta pena. Vmešajte čokoladne koščke in orehe. Maso po žlicah nalagamo na pomaščen pekač in postavimo v pečico. Izklopite pečico in pustite, da se ohladi.

lešnikov meringue

Daj 12

100 g/4 oz/1 skodelica lešnikov

2 beljaka

100 g/4 oz/½ skodelice granuliranega sladkorja

Nekaj kapljic vanilijeve esence (izvleček)

12 orehov prihranimo za okras, ostale pa sesekljamo. Iz beljakov stepamo trd sneg. Dodamo polovico sladkorja in še naprej stepamo, dokler zmes ne dobi čvrstih vrhov. Dodamo preostali sladkor, mlete lešnike in vanilijevo esenco. Zmes razdelite na 12 krogov na pomaščen in obložen pekač in vsakega potresite s prihranjenimi orehi. Pecite v predhodno ogreti pečici na 130 °C/250 °F/termostat ½ 2-3 ure, dokler ne postane hrustljav.

Orehova meringue plast torta

23 cm/9 za torto

Za torto:

2 oz/¼ skodelice/50 g zmehčanega masla ali margarine

150 g/5 oz/2/3 skodelice granuliranega sladkorja

4 jajca, ločena

100 g/4 oz/1 skodelica navadne moke (univerzalna)

10 ml / 2 žlički pecilnega praška

Ščepec soli

60 ml/4 žlice mleka

5 ml/1 čajna žlička vaniljeve esence (izvleček)

2 oz/½ skodelice/50 g pekan orehov, sesekljanih

Za slaščičarsko kremo:

250 ml/8 oz/1 skodelica mleka

50 g/2 oz/¼ skodelice sladkornega prahu

50 g/2 oz/½ skodelice navadne moke (univerzalne)

1 jajce

Ščepec soli

120 ml / 4 fl oz / ½ skodelice dvojne smetane (težke)

Pecivo stepemo z maslom ali margarino s ½ skodelice/100 g sladkorja, dokler ni svetlo in puhasto. Postopoma dodajamo rumenjake in izmenično dodajamo moko, pecilni prašek in sol z mlekom in vaniljevo esenco. Vlijemo v dva pomaščena in obložena pekača 9/23 cm in zgladimo do vrha. Iz beljakov stepemo čvrst sneg, dodamo preostanek sladkorja in ponovno stepemo v čvrst sneg. Zmes za kolač pokrijemo in potresemo z orehi. Pecite v predhodno ogreti pečici na 150°C/300°F/termostat 3 45 minut, dokler meringue ni suh. Prenesite na rešetko, da se ohladi. Naredite slaščičarsko kremo tako, da nekaj mleka zmešate s sladkorjem in moko. Preostanek mleka zavremo v kozici, prelijemo sladkorno zmes in stepamo do gladkega. Mleko vlijemo nazaj v splaknjeno posodo in ob stalnem mešanju zavremo, nato pa med mešanjem kuhamo, dokler se ne zgosti. Odstavite z ognja in vmešajte jajca in sol ter pustite, da se nekoliko ohladi. Smetano stepemo do trdega in jo nato vmešamo v zmes. Naj se ohladi. Kremo premažemo po piškotih.

Rezine makaronov z lešniki

Daj 20

175 g/6 oz/1½ skodelice lešnikov, oluščenih

3 beljaki

225 g/8 oz/1 skodelica sladkorja v prahu

5 ml/1 čajna žlička vaniljeve esence (izvleček)

5 ml/1 žlička mletega cimeta

5 ml/1 žlička naribane limonine lupinice

rižev papir

12 lešnikov grobo sesekljajte, ostale pa drobno sesekljajte. Beljake stepemo rahlo in v čvrst sneg. Postopoma dodajamo sladkor in stepamo, dokler ne nastane čvrsta pena. Vmešajte lešnike, vanilijevo esenco, cimet in limonino lupinico. Z žlico zložimo na krožnik, obložen z riževim papirjem, in sploščimo na tanke trakove. Pustite infundirati 1 uro. Pečemo v predhodno ogreti pečici na 180°C/termostat 4 12 minut, dokler se strdi.

Meringue in orehova plast

25 cm/10 za torto

100 g/4 oz/½ skodelice masla ali margarine, zmehčane

400 g/14 oz/1¾ skodelice sladkornega prahu

3 rumenjaki

100 g/4 oz/1 skodelica navadne moke (univerzalna)

10 ml / 2 žlički pecilnega praška

120 ml/4 oz/½ skodelice mleka

100 g/4 oz/1 skodelica orehov

4 beljaki

250 ml/8 fl oz/1 skodelica dvojne smetane (gosta).

5 ml/1 čajna žlička vaniljeve esence (izvleček)

Kakav v prahu (nesladkana čokolada) za odstranjevanje prahu

Maslo ali margarino in 3 oz/¾ skodelice/75 g sladkorja stepajte do rahle in puhaste mase. Postopoma dodajamo rumenjake in izmenično z mlekom dodajamo moko in pecilni prašek. Maso vlijemo v dva pomaščena in pomokana modela za torte 10/25 cm. Nekaj polovic orehov prihranimo za okras, ostale drobno sesekljamo in potresemo po piškotih. Beljake stepemo v trd sneg, dodamo preostanek sladkorja in ponovno stepemo do sijaja. Namažemo na torte in pečemo v predhodno ogreti pečici na 180°C/350°F/termostat 4 25 minut. Na koncu pečenja torto pokrijemo s peki papirjem (povoskanim), če se meringue začne barvati. zelo.

Stepajte smetano in kremo, dokler ni svetla. Torte namažemo z meringue polovico navzgor, polovico kreme in preostalo namažemo. Okrasimo s prihranjenimi orehi in potresemo s presejanim kakavom.

meringue gora

Daj 6

2 beljaka

100 g/4 oz/½ skodelice granuliranega sladkorja

¼ pt/2/3 skodelice/150 ml dvojne (težke) smetane

12 oz/350 g narezanih jagod

25 g/1 oz/¼ skodelice navadne (polsladke) čokolade, naribane

Iz beljakov stepamo trd sneg. Dodamo polovico sladkorja in stepamo do gostote in sijaja. Vmešajte preostale sladkorje. Na peki papirju na pekaču razvaljamo šest meringue krogov. Pečemo v predhodno ogreti pečici na 140°C/275°F/termostat 1 45 minut, dokler niso rahlo obarvane in hrustljave. Notranjost ostaja precej mehka. Odstranite iz pekača in pustite, da se ohladi na rešetki.

Sladko smetano trdo stepemo. Meringu kroge pokapamo ali prelijemo s polovico kreme, dodamo sadje in nato okrasimo s preostankom kreme. Po vrhu potresemo naribano čokolado.

Malinova meringue krema

Ponudbe 6

2 beljaka

100 g/4 oz/½ skodelice granuliranega sladkorja

¼ pt/2/3 skodelice/150 ml dvojne (težke) smetane

30 ml/2 žlici (slaščičarskega) sladkorja

225 g/8 oz malin

V čisti skledi brez maščobe stepamo beljake, dokler ne začnejo nastajati mehki sneg. Dodamo polovico sladkorja in stepamo dokler masa ne postane čvrsta. S kovinsko žlico previdno dodamo preostanek sladkorja. Pekač obložimo s papirjem za peko in nanj položimo meringue. Meringo sušimo v pečici na najnižji možni temperaturi 2 uri. Ohladite na rešetki.

Sladko smetano stepemo s sladkorjem v trd in vanjo vmešamo maline. Uporabite za razporeditev meringue v pare in jih razporedite po servirnem krožniku.

Ratafijske palačinke

Daje 16

3 beljaki

100 g/4 oz/1 skodelica mletih mandljev

225 g/8 oz/1 skodelica sladkorja v prahu

Iz beljakov stepamo trd sneg. Dodamo mandlje in polovico sladkorja ter ponovno stepamo do trdega. Vmešajte preostale sladkorje. Majhne kroge položimo na pomaščen in obložen pekač in pečemo v predhodno ogreti pečici na 150°C/termostat 2 50 minut, dokler robovi niso suhi in hrustljavi.

Vacherin karamela

23 cm/9 za torto

4 beljaki

225 g/8 oz/1 skodelica sladkega rjavega sladkorja

50 g sesekljanih lešnikov

½ pt/1¼ skodelice/300 ml dvojne smetane (gosta)

Nekaj celih lešnikov za okras

Beljake stepamo do mehkega vrha. Postopoma vmešajte sladkor, dokler ni trd in sijajen. Meringo z žlico naložite v cevno vrečko, opremljeno s standardno 1/2 cm konico (konico), in na namaščen in obložen pekač nanesite dve 9 cm/23 cm debeli plasti meringue. Potresemo s 15 ml/1 žlico sesekljanih orehov in pečemo v predhodno ogreti pečici na 120 °C/250 °F/termostat ½ 2 uri, dokler ne postanejo hrustljavi. Prenesite na rešetko, da se ohladi.

Sladko smetano stepemo do trdega in ji dodamo preostale oreščke. Večino kreme porabimo za namazanje meringue krogov, nato jih okrasimo s preostankom kreme in potresemo cele lešnike.

Samo kolački

Daj mu 10

225 g/8 oz/2 skodelici navadne moke (univerzalne)

Ščepec soli

2,5 ml/½ žličke pecilnega praška (pecilni prašek)

5 ml/1 žlička vinskega kamna

2 oz/50 g/¼ skodelice masla ali margarine, narezane na kocke

30 ml/2 žlici mleka

30 ml/2 žlici vode

Zmešamo moko, sol, pecilni prašek in vinski kamen. Namažemo z maslom ali margarino. Postopoma dodajajte mleko in vodo, dokler ne dobite mehkega testa. Na pomokani površini hitro pregnetite, dokler ni gladko, nato razvaljajte na 1 cm/½ debeline in z modelčkom za piškote razrežite 2 kroga 5 cm/2. Scones (piškote) položimo na pomaščen pekač in pečemo v predhodno ogreti pečici na 230°C/450°F/termostat 8 približno 10 minut, da se dobro napihnejo in zlato rjavo zapečejo.

Bogati jajčni kolački

Daj 12

2 oz/¼ skodelice/50 g masla ali margarine

225 g/8 oz/2 skodelici samovzhajajoče moke (samovzhajajoča)

10 ml / 2 žlički pecilnega praška

25 g / 1 oz / 2 žlici granuliranega sladkorja

1 jajce, rahlo stepeno

100 ml/3½ fl oz/6½ žlice mleka

Maslo ali margarino vtrite v moko in pecilni prašek. Zmešajte sladkor. Mešajte jajce in mleko, dokler ne dobite mehkega testa. Pregnetemo na rahlo pomokani površini, nato razvaljamo na približno ½/1 cm debelo in z modelčkom za piškote narežemo na 2/5 cm velike kroge. Sponke zvijte in jih izrežite. Pogačke (piškote) položimo na pomaščen pekač in pečemo v predhodno ogreti pečici na 230°C/450°F/termostat 8 10 minut oziroma do zlato rjave barve.

jabolčni kolački

Daj 12

225 g/8 oz/2 skodelici polnozrnate pšenične moke

20 ml/1½ žlice pecilnega praška

Ščepec soli

2 oz/¼ skodelice/50 g masla ali margarine

30 ml/2 žlici. naribano jabolko za kuhanje

1 jajce, pretepeno

150 ml/¼ pt/2/3 skodelice mleka

Zmešajte moko, pecilni prašek in sol. Vtrite maslo ali margarino in nato vmešajte jabolko. Postopoma vmešamo toliko jajc in mleka, da dobimo mehko testo. Na rahlo pomokani površini ga razvaljamo na približno 5 cm/2 debeline in z modelčkom za piškote narežemo na okrogle kose. Scone (piškote) zložimo na pomaščen pekač in premažemo s preostalim jajcem. Pečemo v predhodno ogreti pečici na 200°C/400°F/termostat 6 12 minut, dokler ne postanejo svetlo zlate barve.

Jabolčni in kokosov kruh

Daj 12

2 oz/¼ skodelice/50 g masla ali margarine

225 g/8 oz/2 skodelici samovzhajajoče moke (samovzhajajoča)

25 g / 1 oz / 2 žlici granuliranega sladkorja

30 ml/2 žlici posušenega kokosa (naribanega)

1 jedilno jabolko (desertno), olupljeno, izrezano in narezano

¼ pt/2/3 skodelice/150 ml navadnega jogurta

30 ml/2 žlici mleka

Maslo ali margarino vtrite v moko. Vmešajte sladkor, kokos in jabolka ter vmešajte jogurt v mehko testo, po potrebi dodajte malo mleka. Na rahlo pomokani površini razvaljamo na cca 2,5 cm/1 debelo in z modelčkom izrežemo rezine. Scones (piškote) položite na pomaščen pekač in pecite v predhodno ogreti pečici na 220°C/425°F/termostat 7 10-15 minut, da se dobro napihnejo in zlato rjavo zapečejo.

Kruh z jabolki in datlji

Daj 12

2 oz/¼ skodelice/50 g masla ali margarine

225 g/8 oz/2 skodelici navadne moke (univerzalne)

5 ml/1 čajna žlička. žlička mešanice začimb (jabolčna pita)

5 ml/1 žlička vinskega kamna

2,5 ml/½ žličke pecilnega praška (pecilni prašek)

25 g/1 oz/2 žlici sladkega rjavega sladkorja

1 manjše trdo kuhano jajce (pita), olupljeno, brez koščic in nasekljano

2 unči / 1/3 skodelice datljev brez koščic, narezanih

45 ml/3 žlice mleka

Maslo ali margarino vtrite v moko, mešanico začimb, vinsko smetano in pecilni prašek. Sladkor, jabolko in datlje zmešamo, nato dodamo mleko in zmešamo mehko testo. Rahlo pregnetemo, nato na pomokani površini razvaljamo na 2,5 cm/1 debelo in z modelčkom izrežemo rezine. Pogačice (piškote) položite na pomaščen pekač in pecite v predhodno ogreti pečici na 220°C/425°F/termostat 7 12 minut, dokler se ne napihnejo in zlato porjavijo.

kosi žita

Daj 12

175 g/6 oz/1½ skodelice ječmenove moke

50 g/2 oz/½ skodelice navadne moke (univerzalne)

Ščepec soli

2,5 ml/½ žličke pecilnega praška (pecilni prašek)

2,5 ml/½ žličke vinskega kamna

25 g/1 oz/2 žlici masla ali margarine

25 g/1 oz/2 žlici sladkega rjavega sladkorja

100 ml/3½ fl oz/6½ žlice mleka

Rumenjak za glazuro

Zmešamo moko, sol, pecilni prašek in vinski kamen. Maslo ali margarino vtrite, dokler zmes ne bo podobna krušnim drobtinam, nato pa vmešajte sladkor in toliko mleka, da dobite mehko testo. Na rahlo pomokani površini ga razvaljamo na 2 cm debelo in z modelčkom za piškote izrežemo rezine. Na pomaščen pekač polagamo kifle (piškote) in jih premažemo z rumenjakom. Pečemo v predhodno ogreti pečici na 220°C/425°F/termostat 7 10 minut do zlato rjave barve.

Datljevi kolački

Daj 12

225 g/8 oz/2 skodelici polnozrnate pšenične moke

2,5 ml/½ žličke pecilnega praška (pecilni prašek)

2,5 ml/½ žličke vinskega kamna

2,5 ml/½ žličke soli

40 g/1½ oz/3 žlice masla ali margarine

15 ml / 1 žlica finega sladkorja

2/3 skodelice/4 oz/100 g razkoščičenih datljev, nasekljanih

Približno 100 ml/3½ fl oz/6½ žlice pinjenca

Zmešamo moko, pecilni prašek, vinski kamen in sol. Vtremo maslo ali margarino, nato zmešamo sladkor in datlje ter na sredini naredimo jamico. Postopoma vmešamo toliko pinjenca, da dobimo srednje mehko testo. Na debelo ga namažemo in narežemo na trikotnike. Pogačke (piškote) položimo na pomaščen pekač in pečemo v predhodno ogreti pečici na 230°C/450°F/termostat 8 20 minut do zlato rjave barve.

Zeliščni kolački

Daj 8

175 g/6 oz/¾ skodelice masla ali margarine

225 g/8 oz/2 skodelici večnamenske moke (kruh)

15 ml / 1 žlička pecilnega praška

Ščepec soli

5 ml/1 žlička sladkega rjavega sladkorja

30 ml/2 žlici posušenih zelišč

60 ml/4 žlice mleka ali vode

Mleko posušite s sušilcem za lase

Maslo ali margarino vgnetemo v moko, pecilni prašek in sol, da masa postane podobna drobtinam. Zmešajte sladkor in zelišča. Dodajte toliko mleka ali vode, da dobite mehko testo. Na rahlo pomokani površini razvaljamo na približno 2 cm/¾ debeline in z modelčkom za piškote narežemo na okrogle kose. Na pomaščen pekač polagamo pogačice (piškote) in površino namažemo z mlekom. Pečemo v predhodno ogreti pečici na 200°C/400°F/termostat 6 10 minut, dokler se dobro ne napihnejo in zlato porumenijo.

muesli kruh

Naredite 8 klinov

100 g/4 oz/1 skodelica muslija

¼ čajne žličke / 150 ml / 2/3 skodelice vode

2 oz/¼ skodelice/50 g masla ali margarine

100 g/4 oz/1 skodelica navadne (navadne) ali polnozrnate (pšenične) moke

10 ml / 2 žlički pecilnega praška

50 g/2 oz/1/3 skodelice rozin

1 jajce, pretepeno

Mueslin namočite v vodi 30 minut. Maslo ali margarino zmešamo z moko in pecilnim praškom, dokler masa ne podobna drobtinam, vmešamo rozine in namočene müslije ter zmesimo mehko testo. Naredite krog 8/20 cm in ga sploščite na pomaščen pekač. Delno razrežemo na osem kosov in premažemo z jajcem. Pečemo v predhodno ogreti pečici na 230°C/450°F/termostat 8 približno 20 minut do zlato rjave barve.

Koščki pomaranče in rozine

Daj 12

2 oz/¼ skodelice/50 g masla ali margarine

225 g/8 oz/2 skodelici navadne moke (univerzalne)

2,5 ml/½ žličke pecilnega praška (pecilni prašek)

100 g/4oz/2/3 skodelice rozin

5 ml/1 žlička naribane pomarančne lupinice

60 ml/4 žlice pomarančnega soka

60 ml/4 žlice mleka

Mleko za glazuro

V moko in pecilni prašek vmešamo maslo ali margarino, nato vmešamo še rozine in pomarančno lupinico. Pomarančni sok in mleko zmešajte v mehko pasto. Na rahlo pomokani površini razvaljamo na cca 2,5 cm/1 debelo in z modelčkom izrežemo rezine. Na pomaščen pekač polagamo pogačice (piškote) in površino namažemo z mlekom. Pečemo v predhodno ogreti pečici na 200°C/400°F/termostat 6 15 minut, dokler ne postanejo svetlo zlate barve.

Hruškovi kolački

Daj 12

2 oz/¼ skodelice/50 g masla ali margarine

225 g/8 oz/2 skodelici samovzhajajoče moke (samovzhajajoča)

25 g / 1 oz / 2 žlici granuliranega sladkorja

1 čvrsta hruška, olupljena, razrezana in narezana

¼ pt/2/3 skodelice/150 ml navadnega jogurta

30 ml/2 žlici mleka

Maslo ali margarino vtrite v moko. Vmešajte sladkor in hruške, nato pa jogurt zmešajte v gladko pasto, po potrebi dodajte malo mleka. Na rahlo pomokani površini razvaljamo na cca 2,5 cm/1 debelo in z modelčkom izrežemo rezine. Scones (piškote) položite na pomaščen pekač in pecite v predhodno ogreti pečici na 230°C/450°F/termostat 8 10-15 minut, da se dobro napihnejo in zlato rjavo zapečejo.

Krompirjeve kiflice

Daj 12

2 oz/¼ skodelice/50 g masla ali margarine

225 g/8 oz/2 skodelici samovzhajajoče moke (samovzhajajoča)

Ščepec soli

175 g/6 oz/¾ skodelice kuhanega pire krompirja

60 ml/4 žlice mleka

Maslo ali margarino vtrite v moko in sol. Vmešajte pire krompir in toliko mleka, da dobite mehko testo. Na rahlo pomokani površini razvaljamo na cca 2,5 cm/1 debelo in z modelčkom izrežemo rezine. Pogačke (piškote) položimo na rahlo pomaščen pekač in pečemo v predhodno ogreti pečici na 200°C/400°F/termostat 6 15-20 minut, dokler se malo ne obarvajo.

Rozinovi kolački

Daj 12

75 g/3 oz/½ skodelice rozin

225 g/8 oz/2 skodelici navadne moke (univerzalne)

2,5 ml/½ žličke soli

15 ml/1 žlica pecilnega praška

25 g / 1 oz / 2 žlici granuliranega sladkorja

2 oz/¼ skodelice/50 g masla ali margarine

120 ml/4 fl oz/½ skodelice težke smetane (lahke).

1 jajce, pretepeno

Rozine za 30 minut namočimo v topli vodi in odcedimo. Zmešamo suhe sestavine in vtremo maslo ali margarino. Smetano in jajce zmešamo v mehko testo. Razdelite na tri kroglice, razvaljajte na približno 1/2 cm debelo in položite na pomaščen pekač. Vsako narežemo na četrtine. Scones (piškote) pečemo v predhodno ogreti pečici na 230°C/450°F/termostat 8 približno 10 minut do zlato rjave barve.

Pogačke iz melase

Daj mu 10

225 g/8 oz/2 skodelici navadne moke (univerzalne)

10 ml / 2 žlički pecilnega praška

2,5 ml/½ čajne žličke mletega cimeta

2 oz/50 g/¼ skodelice masla ali margarine, narezane na kocke

25 g / 1 oz / 2 žlici granuliranega sladkorja

30 ml/2 žlici temnega sirupa (melasa)

150 ml/¼ pt/2/3 skodelice mleka

Zmešamo moko, pecilni prašek in cimet. Vtrite maslo ali margarino, nato vmešajte sladkor, sirup in toliko mleka, da dobite mehko testo. Razvaljamo na 1/2 cm debelo ploščo in z modelčkom za piškote razrežemo na 2 kroga po 5 cm. Scones (piškote) položite na pomaščen pekač in pecite v predhodno ogreti pečici na 220°C/425°F/termostat 7 10-15 minut, da se dobro napihnejo in zlato rjavo zapečejo.

Ingverjevi kolački iz melase

Daj 12

400 g/14 oz/3½ skodelice navadne moke (univerzalne)

50 g/2 oz/½ skodelice riževe moke

5 ml/1 čajna žlička pecilnega praška (pecilni prašek)

2,5 ml/½ žličke vinskega kamna

10 ml/2 žlički mletega ingverja

2,5 ml/½ žličke soli

10 ml/2 žlički. fino razdeljen sladkor

2 oz/¼ skodelice/50 g masla ali margarine

30 ml/2 žlici temnega sirupa (melasa)

300 ml/½ pt/1¼ skodelice mleka

Zmešajte suhe sestavine. Vtrite maslo ali margarino, dokler zmes ne spominja na drobtine. Vmešajte sirup in toliko mleka, da dobite mehko, a ne lepljivo testo. Na rahlo pomokani površini rahlo pregnetemo, razvaljamo in režemo v 7,5 cm/3 modelčke. Scone (piškote) zložimo na pomaščen pekač in pokapljamo s preostankom mleka. Pecite v predhodno ogreti pečici na 220 °C/425 °F/termostat 7 15 minut, dokler se ne napihnejo in zlato porumenijo.

Sultanin kolački

Daj 12

225 g/8 oz/2 skodelici navadne moke (univerzalne)

Ščepec soli

2,5 ml/½ žličke pecilnega praška (pecilni prašek)

2,5 ml/½ žličke vinskega kamna

2 oz/¼ skodelice/50 g masla ali margarine

25 g / 1 oz / 2 žlici granuliranega sladkorja

50 g/2 oz/1/3 skodelice rozin (zlate rozine)

7,5 ml/½ žlice limoninega soka

150 ml/¼ pt/2/3 skodelice mleka

Zmešajte moko, sol, soda in vinski kamen. Vtrite maslo ali margarino, dokler zmes ne spominja na drobtine. Zmešajte sladkor in sultanke. V mleko vmešajte limonin sok in postopoma vmešajte suhe sestavine, dokler testo ni gladko. Nežno pregnetite, nato razvaljajte na približno ½/1 cm debelo in z modelčkom za piškote narežite na 2/5 cm velike kroge. Scones (piškote) položimo na pomaščen pekač in pečemo v predhodno ogreti pečici na 230°C/450°F/termostat 8 približno 10 minut, da se dobro napihnejo in zlato rjavo zapečejo.

Polnozrnat kruh v sirupu

Daj 12

100 g/4 oz/1 skodelica polnozrnate moke

100 g/4 oz/1 skodelica navadne moke (univerzalna)

25 g / 1 oz / 2 žlici granuliranega sladkorja

2,5 ml/½ žličke vinskega kamna

2,5 ml/½ žličke pecilnega praška (pecilni prašek)

5 ml/1 čajna žlička. žlička mešanice začimb (jabolčna pita)

2 oz/¼ skodelice/50 g masla ali margarine

30 ml/2 žlici temnega sirupa (melasa)

100 ml/3½ fl oz/6½ žlice mleka

Zmešamo suhe sestavine in vtremo maslo ali margarino. Segrejte sirup in mešajte s sestavinami, dokler mleko ne postane mehka pasta. Na rahlo pomokani površini razvaljamo 1/2 cm debelo in z modelčkom za piškote narežemo na okrogle kose. Na pomaščen in pomokan pekač polagamo pogače (piškote) in jih premažemo z mlekom. Pečemo v predhodno ogreti pečici na 190°C/375°F/termostat 5 20 minut.

Koščki jogurta

Daj 12

200 g/7 oz/1¾ skodelice navadne moke (univerzalne)

25 g/1 oz/¼ skodelice riževe moke

10 ml / 2 žlički pecilnega praška

Ščepec soli

15 ml / 1 žlica finega sladkorja

2 oz/¼ skodelice/50 g masla ali margarine

¼ pt/2/3 skodelice/150 ml navadnega jogurta

Zmešajte moko, pecilni prašek, sol in sladkor. Vtrite maslo ali margarino, dokler zmes ne spominja na drobtine. Vmešajte jogurt, da dobite mehko, a ne lepljivo testo. Na pomokani delovni površini ga razvaljamo na približno ¾/2 cm debelo in z modelčkom za piškote narežemo na 2/5 cm velike kroge. Položimo na pomaščen pekač in pečemo v predhodno ogreti pečici na 200°C/400°F/termostat 6 približno 15 minut, da se dobro napihnejo in zlato porumenijo.

Kosi sira

Daj 12

225 g/8 oz/2 skodelici navadne moke (univerzalne)

2,5 ml/½ žličke soli

15 ml/1 žlica pecilnega praška

2 oz/¼ skodelice/50 g masla ali margarine

100 g/4 oz/1 skodelica cheddar sira, naribanega

150 ml/¼ pt/2/3 skodelice mleka

Zmešajte moko, sol in pecilni prašek. Vtrite maslo ali margarino, dokler zmes ne spominja na drobtine. Vmešajte sir. Po malem dodajte mleko, da dobite mehko testo. Nežno pregnetite, nato razvaljajte na približno ½/1 cm debelo in z modelčkom za piškote narežite na 2/5 cm velike kroge. Scones (piškote) položite na pomaščen pekač in pecite v predhodno ogreti pečici na 220°C/425°F/termostat 7 12-15 minut, da se dobro napihnejo in zlato rjavo zapečejo. Postrežemo toplo ali hladno.

Peklenski zeliščni kolački

Daj 12

100 g/4 oz/½ skodelice masla ali margarine

175 g/6 oz/1¼ skodelice polnozrnate pšenične moke

50 g/2 oz/½ skodelice navadne moke (univerzalne)

10 ml / 2 žlički pecilnega praška

30 ml/2 žlici. sesekljanega svežega žajblja ali timijana

150 ml/¼ pt/2/3 skodelice mleka

Maslo ali margarino vtiramo v moko in pecilni prašek, da zmes postane podobna drobtinam. Vmešajte zelišča in mleko toliko, da dobite mehko testo. Nežno pregnetite, nato razvaljajte na približno ½/1 cm debelo in z modelčkom za piškote narežite na 2/5 cm velike kroge. Na pomaščen pekač polagamo pogačice (piškote) in površino namažemo z mlekom. Pecite v predhodno ogreti pečici na 220 °C/425 °F/termostat 7 10 minut, dokler ne napihnejo in zlato porumenijo.

Salama in sirove palčke

Ponudbe 4

2 oz/¼ skodelice/50 g masla ali margarine

225 g/8 oz/2 skodelici samovzhajajoče moke (samovzhajajoča)

Ščepec soli

2 oz/50 g salame, narezane

75 g/3 oz/¾ skodelice naribanega čedar sira

75 ml/5 žlic mleka

V moko in sol vgnetemo maslo ali margarino, dokler zmes ne postane podobna drobtinam. Vmešamo salamo in sir, nato dodamo mleko in zmešamo mehko testo. Naredite krog 20 cm/8 in rahlo sploščite. Pogačke (piškote) položimo na pomaščen pekač in pečemo v predhodno ogreti pečici na 220°C/425°F/termostat 7 15 minut do zlato rjave barve.

Polnozrnati kolački

Daj 12

175 g/6 oz/1½ skodelice polnozrnate pšenične moke

50 g/2 oz/½ skodelice navadne moke (univerzalne)

15 ml/1 žlica pecilnega praška

Ščepec soli

2 oz/¼ skodelice/50 g masla ali margarine

50 g/2 oz/¼ skodelice sladkornega prahu

150 ml/¼ pt/2/3 skodelice mleka

Zmešajte moko, pecilni prašek in sol. Vtrite maslo ali margarino, dokler zmes ne spominja na drobtine. Zmešajte sladkor. Po malem dodajte mleko, da dobite mehko testo. Nežno pregnetite, nato razvaljajte na približno ½/1 cm debelo in z modelčkom za piškote narežite na 2/5 cm velike kroge. Scones (piškote) položite na pomaščen pekač in pecite v predhodno ogreti pečici na 230°C/450°F/termostat 8 približno 15 minut, dokler se ne napihnejo in zlato zapečejo. Postrezite toplo.

Barbados Conky

Daj 12

350g/12oz buče, naribane

225 g sladkega krompirja, nariban

1 večji kokos, nariban ali 225 g 2 dl posušenega kokosa (nariban)

350 g/12 oz/1½ skodelice sladkega rjavega sladkorja

5 ml/1 čajna žlička. mlete začimbe (jabolčna pita)

5 ml/1 žlička naribanega muškatnega oreščka

5 ml/1 čajna žlička soli

5 ml/1 čajna žlička mandljeve esence (izvleček)

100 g/4oz/2/3 skodelice rozin

350 g/12 oz/3 skodelice koruzne moke

100 g/4 oz/1 skodelica samovzhajajoče (samovzhajajoče) moke

6 oz/¾ skodelice/175 g masla ali margarine, stopljene

300 ml/½ pt/1¼ skodelice mleka

Zmešajte bučo, sladki krompir in kokos. Zmešajte sladkor, začimbe, sol in mandljevo esenco. Dodamo rozine, koruzni zdrob in moko ter dobro premešamo. Stopljeno maslo ali margarino zmešamo z mlekom in vmešamo v suhe sestavine, da se dobro povežejo. Približno 60 ml/4 žlice mešanice vlijte v folijo, pri tem pa pazite, da je ne napolnite preveč. Folijo zložite v ovoj tako, da je lepo zavit in zmes ni izpostavljena. Ponovite s preostalo mešanico. Bonbone na rešetki kuhajte na pari nad vrelo vodo približno 1 uro, dokler niso čvrsti in kuhani. Postrežemo toplo ali hladno.

Pečeni božični piškoti

Daj 40

2 oz/¼ skodelice/50 g masla ali margarine

100 g/4 oz/1 skodelica navadne moke (univerzalna)

2,5 ml/½ čajne žličke mletega kardamoma

25 g / 1 oz / 2 žlici granuliranega sladkorja

15 ml/1 žlica težke smetane

5 ml/1 žlička žganja

1 majhno jajce, pretepljeno

Olje za kuhanje

Sladkor v prahu (pecivo) za posipanje

V moko in kardamom vmešajte maslo ali margarino, dokler zmes ne postane podobna krušnim drobtinam. Vmešamo sladkor, nato dodamo smetano in žganje ter toliko jajc, da je zmes dovolj čvrsta. Pokrijte in ohladite 1 uro.

Na rahlo pomokani deski razvaljajte na ¼/5 mm debelo in s pekomatom razrežite na 10 x 2,5 cm/4 x 1 trakove. Z ostrim nožem zarežite režo na sredini vsakega traku. Drugi konec traku potegnite skozi režo, da naredite polkrog. Piškote (piškote) v porcijah pražimo na segretem olju približno 4 minute, dokler niso zlato rjavi in napihnjeni. Odcedimo s papirnatimi brisačkami (gospodinjski papir) in postrežemo potresene s sladkorjem.

Piškoti iz koruzne moke

Daj 12

100 g/4 oz/1 skodelica samovzhajajoče (samovzhajajoče) moke

100 g/4 oz/1 skodelica koruzne moke

5 ml/1 žlička pecilnega praška

15 g/½ oz/1 žlica granuliranega sladkorja

2 jajci

375 ml/13 oz/1½ skodelice mleka

60 ml/4 žlice olja

Olje za površinsko cvrtje

Suhe sestavine zmešamo in na sredini naredimo jamico. Jajca, mleko in odmerjeno olje stepemo in vmešamo v suhe sestavine. V veliki ponvi segrejte nekaj olja in prepražite (pražite) 60 ml/4 žlice. mešajte, dokler se na površini ne pojavijo mehurčki. Obrnite in zapecite še drugo stran. Odstranite iz ponve in pustite na toplem, medtem ko nadaljujete s preostalim delom testa. Postrezite toplo.

Crumpets

Daj 8

15 g/½ oz svežega kvasa ali 20 ml/4 žličke suhega kvasa

5 ml/1 čajna žlička finega sladkorja

300 ml/½ pt/1¼ skodelice mleka

1 jajce

2¼ skodelice/250 g navadne moke (univerzalne)

5 ml/1 čajna žlička soli

Mazalno olje

Kvas in sladkor zmešamo z malo mleka v pasto in vmešamo preostalo mleko in jajce. Tekočino vmešamo v moko in sol ter zmešamo v gosto kremasto maso. Pokrijte in pustite na toplem 30 minut, dokler se ne podvoji. Segrejemo ponev ali težko ponev (lonec) in jo rahlo naoljimo. Položimo na 7,5 cm/3 cm dolg pekač. (Če nimate krogov za peko, majhnemu pekaču previdno odrežite vrh in dno.) Skodelice zmesi vlijte v kroge in pecite približno 5 minut, da dno porjavi in vrh strdi. Ponovite s preostalo mešanico. Postrežemo popečeno.

krofi

Daje 16

300 ml/½ pt/1¼ skodelice toplega mleka

15 ml/1 žlica suhega kvasa

175 g/6 oz/¾ skodelice granuliranega sladkorja

450 g/1 lb/4 skodelice večnamenske moke (kruh)

5 ml/1 čajna žlička soli

2 oz/¼ skodelice/50 g masla ali margarine

1 jajce, pretepeno

Olje za kuhanje

5 ml/1 žlička mletega cimeta

Zmešajte toplo mleko, kvas, 5 ml/1 čajna žlička sladkorja in 100 g/4 oz/1 skodelico moke. Pustite na toplem 20 minut, dokler se ne speni. V skledi zmešajte preostalo moko, ¼ skodelice/50 g sladkorja in sol ter vtrite maslo ali margarino, dokler zmes ne postane podobna krušnim drobtinam. Vmešajte mešanico jajc in kvasa ter zamesite zelo gladko testo. Pokrijte in pustite na toplem 1 uro. Ponovno pregnetemo in razvaljamo v 2 cm/½ debel disk. Z modelčkom za piškote 8 cm/3 razrežite na kroge in z modelčkom 4 cm/1½ izrežite sredino.

Položimo na pomaščen pekač in pustimo vzhajati 20 minut. Olje segrejemo, da se skoraj zadimi, nato pa krofe nekaj minut pražimo do zlato rjave barve. Dobro se odvaja. Preostali sladkor in cimet damo v vrečko in v vrečko stresamo krofe, dokler niso dobro obloženi.

ponve za krompir

Daj 24

15 ml/1 žlica suhega kvasa

60 ml/4 žlice mlačne vode

25 g / 1 oz / 2 žlici granuliranega sladkorja

25 g / 1 oz / 2 žlici silave (skrajšane)

1,5 ml/¼ čajne žličke soli

75 g/3 oz/1/3 skodelice pire krompirja

1 jajce, pretepeno

120 ml/4 fl oz/½ skodelice mleka, kuhanega

300 g/10 oz/2½ skodelice večnamenske moke (kruh)

Olje za kuhanje

Sladkor v prahu za posip

V mlačni vodi raztopimo kvas z žličko sladkorja in pustimo, da se speni. Zmešajte mast, preostale sladkorje in sol. Vmešamo krompir, kvasno zmes, jajca in mleko, nato postopoma dodajamo moko in mešamo v homogeno testo. Zvrnemo na pomokano površino in dobro pregnetemo. Položimo v pomaščeno skledo, pokrijemo s plastično folijo (plastično folijo) in pustimo na toplem približno 1 uro, dokler se ne podvoji.

Ponovno pregnetemo in nato razvaljamo na 1/2 cm debelo. Z modelčkom za piškote 8 cm/3 narežite na rezine, nato pa z modelčkom za piškote 4 cm/1½ izrežite sredino, da naredite krofe. Pustimo vzhajati, dokler se ne podvoji. Segrejemo olje in na njem ocvremo krofe, da zlato zarumenijo. Po vrhu potresemo sladkor in ohladimo.

Naan kruh

Daj 6

2,5 ml/½ žličke suhega kvasa

60 ml/4 žlice mlačne vode

350 g/12 oz/3 skodelice navadne moke (univerzalne)

10 ml / 2 žlički pecilnega praška

Ščepec soli

¼ pt/2/3 skodelice/150 ml navadnega jogurta

Stopljeno maslo za ščetkanje

Zmešamo kvas in mlačno vodo ter pustimo stati na toplem 10 minut, da se speni. Kvasno mešanico vmešamo v moko, pecilni prašek in sol ter nato vmešamo v jogurt, da dobimo mehko testo. Gnetemo, dokler ni več lepljivo. Položimo v naoljeno skledo, pokrijemo in pustimo vzhajati 8 ur.

Testo razdelite na šest delov in razvaljajte v ovale debeline približno ¼/5 mm. Položimo na pomaščen pekač in namažemo s stopljenim maslom. Pecite (žar) na srednjem ognju (žaru) približno 5 minut, dokler se rahlo ne napihne, obrnite in naoljite drugo stran ter pecite še 3 minute, dokler rahlo ne porjavi.

Ovseni kosmiči Bannocks

Daj 4

100 g/4 oz/1 skodelica srednje valjanih ovsenih kosmičev

2,5 ml/½ žličke soli

ščepec pecilnega praška (pecilni prašek)

10 ml / 2 žlički olja

60 ml/4 žličke tople vode

V skledi zmešamo suhe sestavine in na sredini naredimo jamico. Zmešajte olje in toliko vode, da dobite gosto pasto. Zvrnemo na rahlo pomokano površino in gnetemo do gladkega. Razvaljajte v približno ¼/5 mm debelo ploščo, zgladite robove in narežite na kolesca. Segrejte ponev ali težko ponev in kuhajte (pecite) bannocks približno 20 minut, dokler se vogali ne začnejo zvijati. Obrnite in pecite še na drugi strani 6 minut.

ščuka

Daj 8

10 ml/2 žlički svežega kvasa ali 5 ml/1 žlička suhega kvasa

5 ml/1 čajna žlička finega sladkorja

300 ml/½ pt/1¼ skodelice mleka

1 jajce

225 g/8 oz/2 skodelici navadne moke (univerzalne)

5 ml/1 čajna žlička soli

Mazalno olje

Kvas in sladkor zmešamo z malo mleka v pasto in vmešamo preostalo mleko in jajce. Tekočino zmešamo z moko in soljo ter zmešamo v fino pasto. Pokrijte in pustite na toplem 30 minut, dokler se ne podvoji. Segrejemo ponev ali težko ponev (lonec) in jo rahlo naoljimo. Skodelice mešanice nalijte v ponev in kuhajte približno 3 minute, dokler na dnu ne porjavi, nato obrnite in pecite približno 2 minuti na drugi strani. Ponovite s preostalo mešanico.

Z lahkoto sprostite kolačke

Daj 15

100 g/4 oz/1 skodelica samovzhajajoče (samovzhajajoče) moke

Ščepec soli

15 ml / 1 žlica finega sladkorja

1 jajce

150 ml/¼ pt/2/3 skodelice mleka

Mazalno olje

Zmešamo moko, sol in sladkor ter v sredini naredimo jamico. Vanj pomočite jajce in postopoma mešajte jajce in mleko, dokler ne dobite gladke paste. Segrejemo večjo ponev (ponev) in jo rahlo naoljimo. Ko je vroče, z žlicami polagajte testo na ponev, da naredite kroge. Pecite približno 3 minute, dokler se pogačke (piškoti) na dnu ne napihnejo in zlato zapečejo, nato jih obrnite in zapecite še drugo stran. Postrezite toplo ali mlačno.

Javorjevi kolački

Daj 30

200 g/7oz/1¾ skodelice samovzhajajoče moke (samovzhajajoča)

25 g/1 oz/¼ skodelice riževe moke

10 ml / 2 žlički pecilnega praška

25 g / 1 oz / 2 žlici granuliranega sladkorja

Ščepec soli

15 ml/1 žlica javorjevega sirupa

1 jajce, pretepeno

200 ml / 7 fl oz / skoraj 1 skodelica mleka

Sončnično olje

2 oz/¼ skodelice/50 g zmehčanega masla ali margarine

15 ml / 1 žlica sesekljanih orehov

Zmešamo moko, pecilni prašek, sladkor in sol ter v sredini naredimo jamico. Dodamo javorjev sirup, jajce in polovico mleka ter stepamo do gladkega. Preostanek mleka zmešajte v gosto pasto. V ponvi segrejte nekaj olja in odlijte odvečno. V ponev polagamo žličnike testa in pražimo (pražimo) na dnu do zlato rjave barve. Obrnemo in popečemo tudi druge strani. Odstranite iz ponve in pustite na toplem, medtem ko pečete preostale kiflice. Za serviranje zmešajte maslo ali margarino z orehi in tople kolačke premažite z aromatiziranim maslom.

Pogačke na žaru

Daj 12

225 g/8 oz/2 skodelici navadne moke (univerzalne)

5 ml/1 čajna žlička pecilnega praška (pecilni prašek)

10 ml/2 žlički vinskega kamna

2,5 ml/½ žličke soli

25 g / 1 oz / 2 žlici gheeja (maslo) ali masla

25 g / 1 oz / 2 žlici granuliranega sladkorja

150 ml/¼ pt/2/3 skodelice mleka

Mazalno olje

Zmešamo moko, pecilni prašek, vinski kamen in sol. Vtrite mast ali maslo in nato vmešajte sladkor. Po malem dodajajte mleko, dokler ne dobite mehkega testa. Testo prerežemo na pol, pregnetemo in vsako oblikujemo v približno 1/2 cm debel ploščat krog. Vsak krog razrežite na šest. Segrejte ponev ali veliko ponev in rahlo naoljite. Ko se pogačice segrejejo, jih položimo v ponev in cvremo približno 5 minut, da spodnja stran zlato zapeče, nato jih obrnemo in popečemo še drugo stran. Pustite, da se ohladi na rešetki.

Kosi na žaru s sirom

Daj 12

25 g/1 oz/2 žlici zmehčanega masla ali margarine

100 g/4 oz/½ skodelice skute

5 ml/1 žlička sesekljanega svežega drobnjaka

2 jajci, pretepeni

1½ oz/40 g/1/3 skodelice navadne moke (univerzalne)

15 g/½ oz/2 žlici riževe moke

5 ml/1 žlička pecilnega praška

15 ml/1 žlica mleka

Mazalno olje

Vse sestavine razen olja zmešajte v gosto pasto. V ponvi segrejte nekaj olja in nato odlijte odvečno olje. Žličnike zmesi pečemo (pražimo), da se dno zlato zapeče. Pogačice (piškote) obrnemo in popečemo še drugo stran. Odstranite iz ponve in pustite na toplem, medtem ko pečete preostale kiflice

Posebne škotske palačinke

Daj 12

100 g/4 oz/1 skodelica navadne moke (univerzalna)

10 ml/2 žlički. fino razdeljen sladkor

5 ml/1 žlička vinskega kamna

2,5 ml/½ žličke soli

2,5 ml/½ žličke pecilnega praška (pecilni prašek)

1 jajce

5 ml/1 čajna žlička zlatega sirupa (svetla koruza)

120 ml/4 fl oz/½ skodelice toplega mleka

Mazalno olje

Suhe sestavine zmešamo in na sredini naredimo jamico. Jajce stepemo s sirupom in mlekom ter vmešamo v mešanico moke, dokler testo ni zelo gosto. Pokrijte in pustite stati približno 15 minut, dokler mešanica ne začne brbotati. Večjo ponev ali gosto ponev (lonec) segrejemo in rahlo namastimo. Z majhnimi žlicami testa polagajte na žar in pecite na eni strani približno 3 minute, dokler ni zlato rjava na spodnji strani, nato obrnite in pecite na drugi strani približno 2 minuti. Palačinke zavijte v toplo kuhinjsko krpo (toršon), medtem ko pripravite preostalo maso. Postrežemo ohlajeno in pomazano, pečeno ali ocvrto (ocvrto).

Škotske sadne palačinke

Daj 12

100 g/4 oz/1 skodelica navadne moke (univerzalna)

10 ml/2 žlički. fino razdeljen sladkor

5 ml/1 žlička vinskega kamna

2,5 ml/½ žličke soli

2,5 ml/½ žličke pecilnega praška (pecilni prašek)

100 g/4oz/2/3 skodelice rozin

1 jajce

5 ml/1 čajna žlička zlatega sirupa (svetla koruza)

120 ml/4 fl oz/½ skodelice toplega mleka

Mazalno olje

Suhe sestavine zmešamo skupaj z rozinami in na sredini naredimo jamico. Jajce stepemo s sirupom in mlekom ter vmešamo v mešanico moke, dokler testo ni zelo gosto. Pokrijte in pustite stati približno 15 minut, dokler mešanica ne začne brbotati. Večjo ponev ali gosto ponev (lonec) segrejemo in rahlo namastimo. Z majhnimi žlicami testa polagajte na žar in pecite na eni strani približno 3 minute, dokler ni zlato rjava na spodnji strani, nato obrnite in pecite na drugi strani približno 2 minuti. Palačinke zavijte v toplo kuhinjsko krpo (toršon), medtem ko se ostale pečejo. Postrežemo ohlajeno in pomazano, pečeno ali ocvrto (ocvrto).

Škotske pomarančne palačinke

Daj 12

100 g/4 oz/1 skodelica navadne moke (univerzalna)

10 ml/2 žlički. fino razdeljen sladkor

5 ml/1 žlička vinskega kamna

2,5 ml/½ žličke soli

2,5 ml/½ žličke pecilnega praška (pecilni prašek)

10 ml/2 žlički naribane pomarančne lupinice

1 jajce

5 ml/1 čajna žlička zlatega sirupa (svetla koruza)

120 ml/4 fl oz/½ skodelice toplega mleka

Nekaj kapljic pomarančne esence (izvleček)

Mazalno olje

Zmešamo suhe sestavine in pomarančno lupinico ter na sredini naredimo jamico. Jajce stepemo s sirupom, mlekom in pomarančno esenco ter vmešamo v mešanico moke, dokler testo ni zelo gosto. Pokrijte in pustite stati približno 15 minut, dokler mešanica ne začne brbotati. Večjo ponev ali gosto ponev (lonec) segrejemo in rahlo namastimo. Z majhnimi žlicami testa polagajte na žar in pecite na eni strani približno 3 minute, dokler ni zlato rjava na spodnji strani, nato obrnite in pecite na drugi strani približno 2 minuti. Palačinke zavijte v toplo kuhinjsko krpo (toršon), medtem ko se ostale pečejo. Postrežemo ohlajeno in pomazano, pečeno ali ocvrto (ocvrto).

Bardo poje

Daj 12

225 g/8 oz/2 skodelici navadne moke (univerzalne)

2,5 ml/½ žličke soli

2,5 ml/½ čajne žličke pecilnega praška

50 g/2 oz/¼ skodelice svinjske masti (skrajšane)

2 oz/¼ skodelice/50 g masla ali margarine

100 g/4oz/2/3 skodelice rozin

120 ml/4 oz/½ skodelice mleka

Mazalno olje

Suhe sestavine zmešamo in vanje vtremo slanino in maslo ali margarino, da zmes postane podobna drobtinam. Vmešamo ribez in na sredini naredimo jamico. Vmešajte toliko mleka, da dobite trdo testo. Na rahlo pomokani površini razvaljamo približno 1/2 cm debelo in prebodemo z vilicami. Segrejemo ponev ali težko ponev (lonec) in jo rahlo naoljimo. Torto pečemo približno 5 minut, dokler ni spodnja stran zlato rjave barve, nato jo obrnemo in pečemo še drugo stran približno 4 minute. Postrezite razcepljeno in namazano z maslom.

Valižanske torte

Ponudbe 4

225 g/8 oz/2 skodelici navadne moke (univerzalne)

5 ml/1 žlička pecilnega praška

2,5 ml/½ čajne žličke. mlete začimbe (jabolčna pita)

2 oz/¼ skodelice/50 g masla ali margarine

50 g/2 oz/¼ skodelice svinjske masti (skrajšane)

75 g/3 oz/1/3 skodelice granuliranega sladkorja

50 g/2 oz/1/3 skodelice rozin

1 jajce, pretepeno

30-45 ml/2-3 žlice mleka

V skledi zmešamo moko, pecilni prašek in začimbe. Vtrite maslo ali margarino in mast, dokler zmes ne spominja na krušne drobtine. Zmešajte sladkor in ribez. Zmešajte toliko jajca in mleka, da dobite trdo testo. Na pomokani deski razvaljamo na ¼/5 mm debelo in narežemo na 3/7,5 cm velike kroge. Pečemo na pomaščenem pekaču približno 4 minute na vsaki strani, da zlato zarumenijo.

Valižanske palačinke

Daj 12

175 g/6 oz/1½ skodelice navadne moke (univerzalne)

2,5 ml/½ žličke vinskega kamna

2,5 ml/½ žličke pecilnega praška (pecilni prašek)

50 g/2 oz/¼ skodelice sladkornega prahu

25 g/1 oz/2 žlici masla ali margarine

1 jajce, pretepeno

120 ml/4 oz/½ skodelice mleka

2,5 ml/½ čajne žličke kisa

Mazalno olje

Zmešajte suhe sestavine in vmešajte sladkor. Vtremo maslo ali margarino in na sredini naredimo jamico. Vmešajte jajce in toliko mleka, da dobite fino testo. Vmešajte kis. Segrejemo ponev ali težko ponev (lonec) in jo rahlo naoljimo. Maso z velikimi žličniki polagamo v ponev in pražimo (pražimo) približno 3 minute, da na spodnji strani zlato porumeni. Obrnemo in cvremo še na drugi strani približno 2 minuti. Postrezite vroče in namazane z maslom.

Mehiški začinjen koruzni kruh

Naredite 8 zavitkov

225 g/8 oz/2 skodelici samovzhajajoče moke (samovzhajajoča)

5 ml/1 žlička čilija v prahu

2,5 ml/½ žličke pecilnega praška (pecilni prašek)

200 g/7 oz/1 majhna konzerva koruze (koruze)

15 ml/1 žlica curry paste

250 ml/8 oz/1 skodelica navadnega jogurta

Olje za površinsko cvrtje

Zmešajte moko, čili v prahu in sodo. Preostale sestavine razen olja zmešamo in zgnetemo v mehko testo. Zvrnemo na rahlo pomokano površino in nežno gnetemo, dokler ni gladko. Razrežite na osem kosov in vsakega narežite na 13 cm/5 krogov. V ponvi z debelim dnom segrejemo olje in pražimo (pražimo) koruzni kruh na vsaki strani 2 minuti, da porjavi in se nekoliko napihne.

Švedski kruh

Daj 4

225 g/8 oz/2 skodelici polnozrnate pšenične moke

225 g/8 oz/2 skodelici ržene ali ječmenove moke

5 ml/1 čajna žlička soli

Približno 250 ml/8 fl oz/1 skodelica mlačne vode

Mazalno olje

V skledi zmešamo moko in sol, nato postopoma dodajamo vodo, dokler ne dobimo trdega testa. Odvisno od uporabljene moke boste morda potrebovali malo več ali manj vode. Dobro stepajte, dokler se testo ne odlepi od sten posode, nato pa ga prevrnite na rahlo pomokano površino in gnetite 5 minut. Testo razdelimo na štiri dele in razvaljamo na tanko plast 20 cm/8 krogov. Ponev ali večjo ponev (ponev) segrejemo in rahlo naoljimo. Pečemo (ocvremo) eno ali dve štručki naenkrat približno 15 minut na vsaki strani, da zlato zarumenijo.

Ržen i kruh in dušena koruza

23 cm/9 na štruco

175 g/6 oz/1½ skodelice ržene moke

175 g/6 oz/1½ skodelice polnozrnate pšenične moke

100 g/4 oz/1 skodelica ovsenih kosmičev

10 ml/2 žlički sode bikarbone (pecilnega praška)

5 ml/1 čajna žlička soli

450 ml/¾ pt/2 skodelici mleka

175 g/6 oz/½ skodelice temnega sirupa (melasa)

10 ml/2 žlički limoninega soka

Zmešajte moko, oves, pecilni prašek in sol. Mleko, sirup in limonin sok segrejte do mlačnega, nato pa primešajte suhim sestavinam. Prelijemo v namaščeno skledo za puding velikosti 9 cm/23 cm in pokrijemo s prepognjeno folijo. Postavite v velik lonec in napolnite s toliko vroče vode, da pride do polovice stene lonca. Pokrijte in kuhajte 3 ure, po potrebi dolijte še vrelo vodo. Pred serviranjem pustite stati čez noč.

Dušen kruh iz sladke koruze

Naredi dve štruci po 1 lb/450 g

175 g/6 oz/1½ skodelice navadne moke (univerzalne)

225 g/8 oz/2 skodelici koruzne moke

15 ml/1 žlica pecilnega praška

Ščepec soli

3 jajca

45 ml/3 žlice olja

150 ml/¼ pt/2/3 skodelice mleka

300 g/11 oz konzervirane koruze, odcejene in sesekljane

Zmešamo moko, koruzni zdrob, pecilni prašek in sol. Penasto umešamo jajca, olje in mleko ter jih skupaj s koruzo vmešamo v suhe sestavine. Vlijemo v dva namaščena pekača za štruce 1lb/450g in postavimo v veliko ponev, napolnjeno z dovolj vrele vode, da pride do polovice stranic pekačev. Pokrijte in pustite vreti 2 uri, po potrebi dolijte še vrelo vodo. Pustite, da se ohladijo v modelih, preden jih obrnete in razrežete.

Polnozrnati čapatiji

Daj 12

225 g/8 oz/2 skodelici polnozrnate pšenične moke

5 ml/1 čajna žlička soli

¼ čajne žličke / 150 ml / 2/3 skodelice vode

V skledi zmešamo moko in sol, nato postopoma dodajamo vodo, dokler ne dobimo trdega testa. Razdelite na 12 delov in na pomokani površini tanko razvaljajte. Ponev (lonec) z debelim dnom ali ponev namastimo in na srednjem ognju pražimo (ocvremo) po nekaj čapatijev, dokler ne porjavijo. Obrnemo in pražimo, da se na drugi strani malo obarvajo. Chapati naj bo topel, medtem ko pripravljate ostalo. Po želji postrezite z maslom na drugi strani.

stiskalnica za cela zrna

Daj 8

100 g/4 oz/1 skodelica polnozrnate moke

100 g/4 oz/1 skodelica navadne moke (univerzalna)

2,5 ml/½ žličke soli

25 g/1 oz/2 žlici masla ali margarine, stopljene

¼ čajne žličke / 150 ml / 2/3 skodelice vode

Olje za kuhanje

Zmešajte moko in sol ter na sredini naredite jamico. Dodajte maslo ali margarino. Postopoma dodajte vodo in mešajte, da nastane gosta pasta. Gnetemo 5 do 10 minut, nato pokrijemo z vlažno krpo in pustimo stati 15 minut.

Testo razdelite na osem delov in vsakega razvaljajte v 13 cm/5 krogov. V veliki ponvi z debelim dnom segrejemo olje in pražimo (cvremo) kose enega ali dva naenkrat, da postanejo napihnjeni in hrustljavi ter zlato rjavi. Posušite s papirnato brisačo (papirnato brisačo).

Mandljevi piškoti

Daj 24

100 g/4 oz/½ skodelice masla ali margarine, zmehčane

50 g/2 oz/¼ skodelice sladkornega prahu

100 g/4 oz/1 skodelica samovzhajajoče (samovzhajajoče) moke

25 g/1 oz/¼ skodelice mletih mandljev

Nekaj kapljic mandljeve esence (izvleček)

Stepajte maslo ali margarino in sladkor, da postanejo rahli in puhasti. Moko, mlete mandlje in mandljevo esenco zmešamo v trdo maso. Oblikujte velike kroglice v velikosti oreha in jih široko narazen polagajte na pomaščen pekač in rahlo sploščite z vilicami. Piškote (piškote) pečemo v predhodno ogreti pečici na 180°C 15 minut do zlato rjave barve.

Mandelj privlači

Daj 30

100 g / 4 oz / 1 skodelica narezanih mandljev

100 g/4 oz/½ skodelice masla ali margarine

100 g/4 oz/½ skodelice granuliranega sladkorja

30 ml/2 žlici mleka

15-30 ml/1-2 žlici. navadna moka (splošno)

V ponev s 15 ml/1 žlico moke stresemo mandlje, maslo ali margarino, sladkor in mleko. Nežno segrevajte, mešajte, dokler se zmes dobro ne poveže, po potrebi dodajte preostalo moko, da zmes drži skupaj. Žličnike posamezno polagamo na pomaščen in pomokan pekač in pečemo v predhodno ogreti pečici na 180°C/termostat 4 8 minut, da se rahlo obarvajo. Pustimo, da se ohladijo na pekaču približno 30 sekund, nato jih oblikujemo v zanke okoli ročaja lesene žlice. Ko so dovolj ohlajeni za oblikovanje, jih za nekaj sekund potisnite v pečico, da se ogrejejo, preden oblikujete preostale.

tonzilni obroči

Daj 24

100 g/4 oz/½ skodelice masla ali margarine, zmehčane

100 g/4 oz/½ skodelice granuliranega sladkorja

1 jajce, ločeno

225 g/8 oz/2 skodelici navadne moke (univerzalne)

5 ml/1 žlička pecilnega praška

5 ml/1 žlička naribane limonine lupinice

2 oz/½ skodelice/50 g narezanih mandljev (sesekljanih)

Sladkor v prahu (zelo fin) za posipanje

Stepajte maslo ali margarino in sladkor, da postanejo rahli in puhasti. Postopoma vmešamo rumenjaka, nato pa vmešamo še moko, pecilni prašek in limonino lupinico. Končajte z rokami, dokler se zmes ne sprime. Razvaljajte na ¼/5 mm debeline in z modelčkom za piškote izrežite 2¼/6 cm kroge, nato pa sredino izrežite z modelčkom za piškote ¾/2 cm. Piškote lepo položimo na pomaščen pekač in jih prebodemo z vilicami. Pečemo v predhodno ogreti pečici na 180°C/350°F/termostat 4 10 minut. Premažemo z beljakom, potresemo z mandlji in sladkorjem ter vrnemo v pečico za nadaljnjih 5 minut, da porjavijo.

Mediteranski mandljevi piškoti

Daj 24

2 jajci, ločeni

1 skodelica/6 oz/175 g sladkorja (slaščice), presejanega

10 ml / 2 žlički pecilnega praška

Naribana lupinica ½ limone

Nekaj kapljic vanilijeve esence (izvleček)

400 g/14 oz/3½ skodelice mletih mandljev

Rumenjake in beljak stepemo s sladkorjem, dokler ne nastane svetla pena. Dodamo še vse ostale sestavine in zmesimo trdo testo. Zvaljajte v kroglice v velikosti oreha in jih polagajte na pomaščen pekač ter rahlo pritiskajte, da se sploščijo. Pečemo v predhodno ogreti pečici na 180°C/350°F/termostat 4 15 minut, dokler ne postanejo zlate in razpokane.

Mandljevi in čokoladni piškoti

Daj 24

2 oz/¼ skodelice/50 g zmehčanega masla ali margarine

75 g/3 oz/1/3 skodelice granuliranega sladkorja

1 majhno jajce, pretepljeno

100 g/4 oz/1 skodelica navadne moke (univerzalna)

2,5 ml/½ čajne žličke pecilnega praška

25 g/1 oz/¼ skodelice mletih mandljev

25 g/1 oz/¼ skodelice navadne (polsladke) čokolade, naribane

Stepajte maslo ali margarino in sladkor, da postanejo rahli in puhasti. Postopoma dodajamo jajce in zmešamo ostale sestavine v precej čvrsto testo. Če je zmes premokra, dodamo še malo moke. Zavijemo v aluminijasto folijo (plastično folijo) in postavimo v hladilnik za 30 minut.

> Testo razvaljamo v obliko valja in ga narežemo na ½ cm debele rezine. Posebej dobro zložimo na pomaščen pekač in pečemo v ogreti pečici na 190°C/termostat 5 do 10 minut.

Amiški sadni in goveji piškoti

Daj 24

100 g/4 oz/½ skodelice masla ali margarine, zmehčane

175 g/6 oz/¾ skodelice granuliranega sladkorja

1 jajce

75 ml/5 žlic mleka

75 g/3 oz/¼ skodelice temnega sirupa (melasa)

2¼ skodelice/250 g navadne moke (univerzalne)

10 ml / 2 žlički pecilnega praška

15 ml/1 žlica mletega cimeta

10 ml/2 žlički sode bikarbone (pecilnega praška)

2,5 ml/½ čajne žličke naribanega muškatnega oreščka

50 g/2 oz/½ skodelice srednje valjanih ovsenih kosmičev

50 g/2 oz/1/3 skodelice rozin

25 g/1 oz/¼ skodelice sesekljanih orehov

Stepajte maslo ali margarino in sladkor, da postanejo rahli in puhasti. Postopoma dodajte jajca, nato mleko in sirup. Dodamo ostale sestavine in zmesimo gosto testo. Dodajte še malo mleka, če je zmes pregoda za delo, ali še malo moke, če je preveč lepljiva; konsistenca se bo razlikovala glede na uporabljeno moko. Testo razvaljamo na približno ¼/5 mm debeline in z modelčkom za piškote izrežemo kroge. Položimo na pomaščen pekač in pečemo v predhodno ogreti pečici na 180°C/termostat 4 10 minut do zlato rjave barve.

Janeževi piškoti

Daje 16

175 g/6 oz/¾ skodelice granuliranega sladkorja

2 beljaka

1 jajce

100 g/4 oz/1 skodelica navadne moke (univerzalna)

5 ml/1 žlička mletega janeža

Sladkor, beljake in jajca stepamo 10 minut. Postopoma vmešamo moko in dodamo janež. Zmes vlijemo v 450g/1lb tortni model in pečemo v predhodno ogreti pečici na 180°C 35 minut, dokler zobotrebec, ki ga zapičimo v sredino, ne izstopi čist. Odstranite iz modela in narežite na 1 cm/½ rezine. Piškote (piškote) ob strani položimo na pomaščen pekač in jih damo nazaj v pečico še za 10 minut ter jih obračamo, da se pečejo.

Bananini ovseni piškoti s pomarančnim sokom

Daj 24

100 g/4 oz/½ skodelice masla ali margarine, zmehčane

100g/4oz zrelih banan, pretlačenih

120 ml/4 oz/½ skodelice pomarančnega soka

4 beljake, rahlo stepene

10 ml/2 žlički vaniljeve esence (izvleček)

5 ml/1 žlička drobno naribane pomarančne lupinice

225 g/8 oz/2 skodelici ovsa

225 g/8 oz/2 skodelici navadne moke (univerzalne)

5 ml/1 čajna žlička pecilnega praška (pecilni prašek)

5 ml/1 žlička naribanega muškatnega oreščka

Ščepec soli

Nežno stepite maslo ali margarino in vmešajte banane in pomarančni sok. Zmešamo beljake, kremo in pomarančno lupinico ter jih nato vmešamo v bananino mešanico in ostale sestavine. Z žlico naložimo na pekač in pečemo v predhodno ogreti pečici na 180°C/350°F/termostat 4 20 minut do zlato rjave barve.

Osnovni piškotki

Daj 40

100 g/4 oz/½ skodelice masla ali margarine, zmehčane

100 g/4 oz/½ skodelice granuliranega sladkorja

1 jajce, pretepeno

5 ml/1 čajna žlička vaniljeve esence (izvleček)

225 g/8 oz/2 skodelici navadne moke (univerzalne)

Stepajte maslo ali margarino in sladkor, da postanejo rahli in puhasti. Postopoma vmešamo jajce in vanilijevo esenco, nato vmešamo moko in zgnetemo homogeno testo. Zvaljajte v kepo, zavijte v plastično folijo in postavite v hladilnik za 1 uro.

Testo razvaljamo na ¼/5 mm debelo in z modelčkom za piškote izrežemo rezine. Položimo na pomaščen pekač in pečemo v predhodno ogreti pečici na 200°C/400°F/termostat 6 10 minut do zlato rjave barve. Pustite, da se ohladi na pekaču 5 minut, preden ga prestavite na rešetko, da se ohladi.

Hrustljavi krekerji

Daje 16

100 g/4 oz/1 skodelica polnozrnate moke

100 g/4 oz/½ skodelice sladkega rjavega sladkorja

25 g/1 oz/¼ skodelice ovsa

25 g/1 oz/½ skodelice otrobov

5 ml/1 čajna žlička pecilnega praška (pecilni prašek)

5 ml/1 žlička mletega ingverja

100 g/4 oz/½ skodelice masla ali margarine

15 ml/1 žlica zlatega sirupa (lahka koruza)

15 ml/1 žlica mleka

Zmešajte suhe sestavine. Maslo raztopimo s sirupom in mlekom ter nato iz suhih sestavin zmešamo čvrsto testo. Maso za torto po žlicah stresamo na pomaščen pekač in pečemo v predhodno ogreti pečici na 160°C/325°F/termostat 3 15 minut do zlato rjave barve.

Sezamovi piškoti

Daj 12

225 g/8 oz/2 skodelici polnozrnate pšenične moke

5 ml/1 žlička pecilnega praška

25 g/1 oz/½ skodelice otrobov

Ščepec soli

2 oz/¼ skodelice/50 g masla ali margarine

45 ml/3 žlice. sladki rjavi sladkor

45 ml/3 žlice rozin (zlate rozine)

1 jajce, rahlo stepeno

120 ml/4 oz/½ skodelice mleka

45 ml/3 žlice sezamovih semen

Zmešajte moko, pecilni prašek, otrobe in sol ter vmešajte v maslo ali margarino, dokler zmes ne postane podobna drobtinam. Vmešajte sladkor in rozine, vmešajte jajca in mleko toliko, da dobite mehko, a ne lepljivo testo. Razvaljamo na 1 cm/½ debelo ploščo in z modelčkom za piškote izrežemo diske. Položimo na pomaščen pekač, poškropimo z mlekom in potresemo s sezamom. Pečemo v predhodno ogreti pečici na 220°C/425°F/termostat 7 10 minut do zlato rjave barve.

Piškoti s kuminovim žganjem

Daj 30

25 g/1 oz/2 žlici zmehčanega masla ali margarine

75 g/3 oz/1/3 skodelice sladkega rjavega sladkorja

½ jajca

10 ml/2 žlički žganja

175 g/6 oz/1½ skodelice navadne moke (univerzalne)

10 ml/2 žlički kumine

5 ml/1 žlička pecilnega praška

Ščepec soli

Stepajte maslo ali margarino in sladkor, da postanejo rahli in puhasti. Postopoma vmešamo jajca in žganje, dodamo ostale sestavine in zgnetemo trdo testo. Zavijemo v aluminijasto folijo (plastično folijo) in postavimo v hladilnik za 30 minut.

Testo na rahlo pomokani površini razvaljamo na cca 3 mm/1/8 debeline in z modelčkom za piškote izrežemo rezine. Piškote položimo na pomaščen pekač in pečemo v predhodno ogreti pečici na 200°C/termostat 6 10 minut.

Brandy Snapp

Daj 30

100 g/4 oz/½ skodelice masla ali margarine

100 g/4 oz/1/3 skodelice zlatega sirupa (svetla koruza)

100 g/4 oz/½ skodelice demerara sladkorja

100 g/4 oz/1 skodelica navadne moke (univerzalna)

5 ml/1 žlička mletega ingverja

5 ml/1 žlička limoninega soka

V kozici raztopimo maslo ali margarino, sirup in sladkor. Pustite, da se nekoliko ohladi in nato vmešajte moko ter ingver in limonin sok. Čajne žličke zmesi naložite v razmaku 4/10 cm na namaščen pekač in pecite v predhodno ogreti pečici na 180 °C/350 °F/termostat 4 8 minut do zlato rjave barve. Pustimo minuto, da se ohladi, nato s ploščo odlepimo peki papir in z leseno žlico potegnemo po namaščenem ročaju. Odstranite ročaj žlice in pustite, da se ohladi na rešetki. Če se sladice pred oblikovanjem preveč strdijo, jih za minuto vrnite v pečico, da se segrejejo in zmehčajo.

Masleni piškoti

Daj 24

100 g/4 oz/½ skodelice masla ali margarine, zmehčane

50 g/2 oz/¼ skodelice sladkornega prahu

naribana lupinica 1 limone

150 g/5 oz/1¼ skodelice samovzhajajoče moke (samovzhajajoča)

Stepajte maslo ali margarino in sladkor, da postanejo rahli in puhasti. Limonino lupino obrnemo in nato vmešamo moko, dokler ne postane trda. Oblikujte velike kroglice v velikosti oreha in jih široko narazen polagajte na pomaščen pekač in rahlo sploščite z vilicami. Piškote (piškote) pečemo v predhodno ogreti pečici na 180°C 15 minut do zlato rjave barve.

Čokoladni piškoti

Daj 40

100 g/4 oz/½ skodelice masla ali margarine, zmehčane

100 g/4 oz/½ skodelice temno rjavega sladkorja

1 jajce, pretepeno

¼ čajne žličke/1,5 ml vaniljeve esence (izvleček)

225 g/8 oz/2 skodelici navadne moke (univerzalne)

7,5 ml / 1½ čajne žličke pecilnega praška

Ščepec soli

Stepajte maslo ali margarino in sladkor, da postanejo rahli in puhasti. Postopoma dodajte jajca in vanilijevo esenco. Dodamo moko, pecilni prašek in sol. Testo oblikujemo v tri klobase, premera približno 5 cm/2, zavijemo v plastično folijo (plastično folijo) in postavimo v hladilnik za 4 ure ali čez noč.

Narežemo na 1/8/3 mm debele rezine in položimo na nenamaščen pekač. Piškote (biskvite) pečemo v predhodno ogreti pečici na 190°C/termostat 5 10 minut, da se rahlo obarvajo.

Čokoladni piškoti

Daj 30

2 oz/¼ skodelice/50 g zmehčanega masla ali margarine

50 g/2 oz/¼ skodelice svinjske masti (skrajšane)

225 g/8 oz/1 skodelica sladkega rjavega sladkorja

1 jajce, rahlo stepeno

175 g/6 oz/1½ skodelice navadne moke (univerzalne)

1,5 ml/¼ žličke pecilnega praška (pecilni prašek)

1,5 ml/¼ žličke vinskega kamna

Ščepec naribanega muškatnega oreščka

10 ml / 2 žlički vode

2,5 ml/½ čajne žličke vanilijeve esence (izvleček)

Maslo ali margarino, mast in sladkor stepamo, da postanejo rahli in puhasti. Po malem stepajte jajca. Zmešajte moko, pecilni prašek, vinski kamen in muškatni oreščekk, nato dodajte vodo in vanilijevo esenco ter zmešajte mehko testo. Zvijemo v obliko klobase, zavijemo v prozorno folijo (plastično folijo) in pustimo v hladilniku vsaj 30 minut, še bolje dlje.

Testo narežemo na 1/2 cm debele rezine in položimo na pomaščen pekač. Piškote (biskvite) pečemo v predhodno ogreti pečici na 180°C/termostat 4 10 minut do zlato rjave barve.

Korenčkovi in goveji krekerji

Daje 48

6 oz/¾ skodelice/175 g masla ali margarine, zmehčane

100 g/4 oz/½ skodelice sladkega rjavega sladkorja

50 g/2 oz/¼ skodelice sladkornega prahu

1 jajce, rahlo stepeno

225 g/8 oz/2 skodelici navadne moke (univerzalne)

5 ml/1 žlička pecilnega praška

2,5 ml/½ žličke soli

100g/4oz/½ skodelice kuhanega korenčkovega pireja

100 g/4 oz/1 skodelica sesekljanih orehov

Stepajte maslo ali margarino in sladkor, da postanejo rahli in puhasti. Postopoma dodajamo jajce in vmešamo moko, pecilni prašek in sol. Primešamo korenje in sesekljane orehe. Žličnike polagamo na pomaščen pekač in pečemo v predhodno ogreti pečici na 200°C/400°F/termostat 6 10 minut.

Oranžno glazirani korenčkovi orehovi piškoti

Daje 48

Za piškote (piškote):

6 oz/¾ skodelice/175 g masla ali margarine, zmehčane

100 g/4 oz/½ skodelice granuliranega sladkorja

50 g/2 oz/¼ skodelice sladkega rjavega sladkorja

1 jajce, rahlo stepeno

225 g/8 oz/2 skodelici navadne moke (univerzalne)

5 ml/1 žlička pecilnega praška

2,5 ml/½ žličke soli

5 ml/1 čajna žlička vaniljeve esence (izvleček)

100 g / 4 oz / ½ skodelice kuhanega korenčkovega pireja

100 g/4 oz/1 skodelica sesekljanih orehov

Za glazuro (glazuro):

1 skodelica/6 oz/175 g sladkorja (slaščice), presejanega

10 ml/2 žlički naribane pomarančne lupinice

30 ml/2 žlici pomarančnega soka

Za piškote stepite maslo ali margarino in sladkor, da postanejo rahli in puhasti. Postopoma dodajamo jajce in vmešamo moko, pecilni prašek in sol. Vmešamo kremo, korenčkov pire in orehe. Žličnike polagamo na pomaščen pekač in pečemo v predhodno ogreti pečici na 200°C/400°F/termostat 6 10 minut.

Glazuro pripravimo tako, da v skledo stresemo sladkor, vmešamo pomarančno lupinico in na sredini naredimo jamico. Pomarančni sok postopoma zavrite, dokler ne dobite gladke, a precej goste glazure. Še tople namažemo na piškote, ohladimo in strdimo.

Češnjeve torte

Daje 48

100 g/4 oz/½ skodelice masla ali margarine, zmehčane

100 g/4 oz/½ skodelice granuliranega sladkorja

1 jajce, pretepeno

5 ml/1 čajna žlička vaniljeve esence (izvleček)

225 g/8 oz/2 skodelici navadne moke (univerzalne)

2 oz/50 g/¼ skodelice glaziranih češenj (kandiranih), sesekljanih

Stepajte maslo ali margarino in sladkor, da postanejo rahli in puhasti. Postopoma vmešamo jajce in vanilijevo esenco, nato vmešamo še moko in češnje ter zgnetemo homogeno testo. Zvaljajte v kepo, zavijte v plastično folijo in postavite v hladilnik za 1 uro.

Testo razvaljamo na ¼/5 mm debelo in z modelčkom za piškote izrežemo rezine. Položimo na pomaščen pekač in pečemo v predhodno ogreti pečici na 200°C/400°F/termostat 6 10 minut do zlato rjave barve. Pustite, da se ohladi na pekaču 5 minut, preden ga prestavite na rešetko, da se ohladi.

Češnjevi in mandljevi kolobarji

Daj 24

100 g/4 oz/½ skodelice masla ali margarine, zmehčane

100 g/4 oz/½ skodelice železnega sladkorja (zelo finega) plus dodatek za posipanje

1 jajce, ločeno

225 g/8 oz/2 skodelici navadne moke (univerzalne)

5 ml/1 žlička pecilnega praška

5 ml/1 žlička naribane limonine lupinice

60 ml/4 žlice. kandirane češnje

2 oz/½ skodelice/50 g narezanih mandljev (sesekljanih)

Stepajte maslo ali margarino in sladkor, da postanejo rahli in puhasti. Postopoma vmešamo rumenjaka, nato pa vmešamo še moko, pecilni prašek, limonino lupinico in češnje. Končajte z rokami, dokler se zmes ne poveže. Razvaljajte na ¼/5 mm disk in z modelčkom za piškote izrežite 2¼/6 cm kroge, nato pa sredino izrežite z modelčkom za piškote ¾/2 cm. Piškote lepo položimo na pomaščen pekač in jih prebodemo z vilicami. Pečemo v predhodno ogreti pečici na 180°C/350°F/termostat 4 10 minut. Premažite z beljakom in potresite z mandlji in sladkorjem ter vrnite v pečico za nadaljnjih 5 minut, da rahlo porjavi.

Čokoladni temni piškoti

Daj 24

100 g/4 oz/½ skodelice masla ali margarine

50 g/2 oz/¼ skodelice sladkornega prahu

100 g/4 oz/1 skodelica samovzhajajoče (samovzhajajoče) moke

30 ml/2 žlici kakava v prahu (nesladkana čokolada).

Stepajte maslo ali margarino in sladkor, da postanejo rahli in puhasti. Moko in kakav zmešamo v trdo maso. Oblikujte velike kroglice v velikosti oreha in jih široko narazen polagajte na pomaščen pekač in rahlo sploščite z vilicami. Piškote (piškote) pečemo v predhodno ogreti pečici na 180°C 15 minut do zlato rjave barve.

Čokoladne in češnjeve rolice

Daj 24

100 g/4 oz/½ skodelice masla ali margarine, zmehčane

100 g/4 oz/½ skodelice granuliranega sladkorja

1 jajce

2,5 ml/½ čajne žličke vaniljeve esence (izvleček)

225 g/8 oz/2 skodelici navadne moke (univerzalne)

5 ml/1 žlička pecilnega praška

Ščepec soli

25 g/1 oz/¼ skodelice kakava v prahu (nesladkana čokolada).

25 g/1 oz/2 žlici glaziranih (kandiranih) češenj, sesekljanih

Stepajte maslo in sladkor, dokler ne postaneta svetla in puhasta. Postopoma vmešamo jajce in vanilijevo esenco ter nato z moko, pecilnim praškom in soljo zmešamo čvrsto testo. Testo razdelimo na pol in na eno stran vmešamo kakav, na drugo pa češnje. Zavijemo v aluminijasto folijo (plastično folijo) in postavimo v hladilnik za 30 minut.

Vsak kos testa razvaljamo v cca 1/8/3mm debel pravokotnik, ki ga položimo enega na drugega in nežno potlačimo z valjarjem. Daljšo stran zvijte in nežno stisnite skupaj. Narežemo na 1/2 cm debele rezine in jih posamično razporedimo po pomaščenem pekaču. Pečemo v predhodno ogreti pečici na 200°C/400°F/termostat 6 10 minut.

Piškoti s koščki čokolade

Daj 24

75 g/3 oz/1/3 skodelice masla ali margarine

175 g/6 oz/1½ skodelice navadne moke (univerzalne)

5 ml/1 žlička pecilnega praška

ščepec pecilnega praška (pecilni prašek)

50 g/2 oz/¼ skodelice sladkega rjavega sladkorja

45 ml/3 žlice zlatega sirupa (svetla koruza)

100 g/4 oz/1 skodelica čokoladnih koščkov

V moko, pecilni prašek in sodo vtremo maslo ali margarino, da zmes postane podobna drobtinam. Vmešamo sladkor, sirup in koščke čokolade ter zmešamo do homogene mase. Oblikujte majhne kroglice in jih položite na pomaščen pekač, rahlo pritisnite, da se sploščijo. Piškote (biskvite) pečemo v predhodno ogreti pečici na 190°C/termostat 5 15 minut do zlato rjave barve.

Čokoladni in bananini piškoti

Daj 24

75 g/3 oz/1/3 skodelice masla ali margarine

175 g/6 oz/1½ skodelice navadne moke (univerzalne)

5 ml/1 žlička pecilnega praška

2,5 ml/½ žličke pecilnega praška (pecilni prašek)

50 g/2 oz/¼ skodelice sladkega rjavega sladkorja

45 ml/3 žlice zlatega sirupa (svetla koruza)

50 g/2 oz/½ skodelice čokoladnih koščkov

2 oz/½ skodelice/50 g posušenega bananinega čipsa, grobo sesekljanega

V moko, pecilni prašek in sodo vtremo maslo ali margarino, da zmes postane podobna drobtinam. Vmešamo sladkor, sirup ter čokoladne in bananine čipse ter zmešamo v homogeno maso. Oblikujte majhne kroglice in jih položite na pomaščen pekač, rahlo pritisnite, da se sploščijo. Piškote (biskvite) pečemo v predhodno ogreti pečici na 190°C/termostat 5 15 minut do zlato rjave barve.

Čokolada in oreščki

Daj 24

2 oz/¼ skodelice/50 g zmehčanega masla ali margarine

175 g/6 oz/¾ skodelice granuliranega sladkorja

1 jajce

5 ml/1 čajna žlička vaniljeve esence (izvleček)

25 g/1 oz/¼ skodelice navadne (polsladke) čokolade, stopljene

100 g/4 oz/1 skodelica navadne moke (univerzalna)

5 ml/1 žlička pecilnega praška

Ščepec soli

30 ml/2 žlici mleka

25 g/1 oz/¼ skodelice sesekljanih orehov

Sladkor v prahu (slaščice), presejan, za posipanje

Maslo ali margarino in sladkor v prahu penasto stepite. Postopoma dodajte jajce in vanilijevo esenco, nato dodajte čokolado. Zmešamo moko, pecilni prašek in sol ter dodajamo mešanici izmenično z mlekom. Vmešajte orehe, pokrijte in postavite v hladilnik za 3 ure.

Zmes razvaljajte v kroglice velikosti 3 cm/1½ in povaljajte v sladkorju v prahu. Polagamo na rahlo pomaščen pekač in pečemo v predhodno ogreti pečici na 180°C 15 minut, da se malo obarvajo. Postrežemo posuto s sladkorjem v prahu.

Ameriški čokoladni piškoti

Daj 20

225 g/8 oz/1 skodelica svinjske masti (skrajšana)

225 g/8 oz/1 skodelica sladkega rjavega sladkorja

100 g/4 oz/½ skodelice granuliranega sladkorja

5 ml/1 čajna žlička vaniljeve esence (izvleček)

2 jajci, rahlo stepeni

175 g/6 oz/1½ skodelice navadne moke (univerzalne)

5 ml/1 čajna žlička soli

5 ml/1 čajna žlička pecilnega praška (pecilni prašek)

225 g/8 oz/2 skodelici ovsa

350 g/12 oz/3 skodelice čokoladnih koščkov

Stepajte mast, sladkor in kremo, da postanejo rahli in puhasti. Postopoma dodajte jajca. Vmešajte moko, sol, pecilni prašek in oves ter nato vmešajte še koščke čokolade. Zmes po žlicah nalagamo na pomaščen pekač in pečemo v predhodno ogreti pečici na 180°C/350°F/termostat 4 približno 10 minut do zlato rjave barve.

Čokoladne kreme

Daj 24

6 oz/¾ skodelice/175 g masla ali margarine, zmehčane

175 g/6 oz/¾ skodelice granuliranega sladkorja

225 g/8 oz/2 skodelici samovzhajajoče moke (samovzhajajoča)

75 g/3 oz/¾ skodelice posušenega kokosa (nastrganega)

4 oz/100 g zdrobljenih koruznih kosmičev

25 g/1 oz/¼ skodelice kakava v prahu (nesladkana čokolada).

60 ml/4 žlice vrele vode

100 g/4 oz/1 skodelica navadne čokolade (polsladke)

Maslo ali margarino in sladkor stepemo ter vmešamo moko, kokos in koruzne kosmiče. V vrelo vodo vmešajte kakav in nato vmešajte v mešanico. Razvaljamo v 1/2 cm velike kroglice, ki jih položimo na pomaščen pekač in rahlo potlačimo z vilicami. Pečemo v predhodno ogreti pečici na 180°C/350°F/termostat 4 15 minut do zlato rjave barve.

V toplotno odporni posodi nad rahlo vrelo vodo raztopimo čokolado. Polovico biskvita(-ov) namažemo na vrh in pritisnemo na drugo polovico. Naj se ohladi.

Čokoladni in lešnikovi piškoti

Daje 16

200g/7oz/približno 1 skodelica zmehčanega masla ali margarine

50 g/2 oz/¼ skodelice sladkornega prahu

100 g/4 oz/½ skodelice sladkega rjavega sladkorja

10 ml/2 žlički vaniljeve esence (izvleček)

1 jajce, pretepeno

275 g/10 oz/2½ skodelice navadne moke (univerzalne)

50 g/2 oz/½ skodelice kakava v prahu (nesladkana čokolada).

5 ml/1 žlička pecilnega praška

75 g/3 oz/¾ skodelice lešnikov

225 g/8 oz/2 skodelici bele čokolade, sesekljane

Maslo ali margarino, sladkor in vanilijevo esenco rahlo in puhasto stepite ter vmešajte jajce. Dodamo moko, kakav in pecilni prašek. Vmešajte orehe in čokolado, dokler se ne povežeta. Oblikujte 16 kroglic in jih enakomerno razporedite po pomaščenem, obloženem pekaču, nato pa rahlo sploščite s hrbtno stranjo žlice. Pečemo v predhodno ogreti pečici na 160°C/325°F/termostat 3 približno 15 minut, dokler se ravno strdi, a še vedno rahlo mehak.

Piškoti s čokolado in muškatnim oreščkom

Daj 24

2 oz/¼ skodelice/50 g zmehčanega masla ali margarine

100 g/4 oz/½ skodelice granuliranega sladkorja

15 ml/1 žlica kakava v prahu (nesladkana čokolada).

1 rumenjak

2,5 ml/½ čajne žličke vaniljeve esence (izvleček)

150 g/5 oz/1¼ skodelice navadne moke (univerzalne)

5 ml/1 žlička pecilnega praška

Ščepec naribanega muškatnega oreščka

60 ml/4 žlice. kisla smetana

Stepajte maslo ali margarino in sladkor, da postanejo rahli in puhasti. Vmešajte kakav. Rumenjak in vanilijevo esenco stepemo ter dodamo moko, pecilni prašek in muškatni oreček. Mešajte smetano do gladkega. Pokrijte in ohladite.

Testo razvaljamo na ¼/5 mm debeline in izrežemo z modelčkom za piškote 2/5 cm. Torto(e) položite na nenamaščen pekač in pecite v pečici, ogreti na 200°C/400°F/termostat 6, 10 minut do zlato rjave barve.

Piškoti obliti s čokolado

Daje 16

6 oz/¾ skodelice/175 g masla ali margarine, zmehčane

75 g/3 oz/1/3 skodelice granuliranega sladkorja

175 g/6 oz/1½ skodelice navadne moke (univerzalne)

50 g/2 oz/½ skodelice mletega riža

75 g/3 oz/¾ skodelice čokoladnih koščkov

100 g/4 oz/1 skodelica navadne čokolade (polsladke)

Stepajte maslo ali margarino in sladkor, da postanejo rahli in puhasti. Dodamo moko in mlet riž ter zgnetemo čokoladne koščke. Vtisnemo v pomaščen tortni pekač (rolado) in prebodemo z vilicami. Pečemo v predhodno ogreti pečici na 160°C/325°F/termostat 3 30 minut do zlato rjave barve. Še toplega označimo na prste in pustimo, da se popolnoma ohladijo.

V toplotno odporni posodi nad rahlo vrelo vodo raztopimo čokolado. Namažite na piškote in pustite, da se ohladijo in strdijo, preden jih razrežete s prsti. hranite v nepredušni posodi.

Kavni in čokoladni sendvič piškoti

Daj 40

Za piškote (piškote):

175 g/6 oz/¾ skodelice masla ali margarine

25 g / 1 oz / 2 žlici silave (skrajšane)

450 g/1 lb/4 skodelice navadne moke (tako)

Ščepec soli

100 g/4 oz/½ skodelice sladkega rjavega sladkorja

5 ml/1 čajna žlička pecilnega praška (pecilni prašek)

60 ml/4 žlice močne črne kave

5 ml/1 čajna žlička vaniljeve esence (izvleček)

100 g/4 oz/1/3 skodelice zlatega sirupa (svetla koruza)

Za nadev:

10 ml/2 žlički instant kave v prahu

10 ml/2 žlički vrele vode

50 g/2 oz/¼ skodelice sladkornega prahu

25 g/1 oz/2 žlici masla ali margarine

15 ml/1 žlica mleka

Za piškote vtrite maslo ali margarino in mast v moko in sol, dokler zmes ne postane podobna drobtinam, nato pa vmešajte rjavi sladkor. Pecilni prašek zmešajte z majhno količino kave, vmešajte preostalo kavo, vanilijevo esenco in sirup ter zmešajte v gladko pasto. Damo v rahlo naoljeno skledo, pokrijemo s plastično folijo (plastično folijo) in pustimo čez noč.

Testo razvaljamo na rahlo pomokani površini na približno ½/1 cm debelo in razrežemo na dva kvadrata ¾ x 3/7,5 cm. Vsakega posebej prebodite z vilicami, da ustvarite vzorec žlebov. Prestavimo v pomaščen pekač in pečemo v predhodno ogreti pečici na 200°C/400°F/termostat 6 10 minut do zlato rjave barve. Ohladite na rešetki.

Za nadev v vreli vodi v manjši kozici raztopite kavni prah, zmešajte ostale sestavine in zavrite. Kuhajte 2 minuti, nato odstavite z ognja in mešajte, dokler se ne zgosti in ohladi. Sendviči nad piškoti z nadevom.

božični piškoti

Daj 24

100 g/4 oz/½ skodelice masla ali margarine, zmehčane

100 g/4 oz/½ skodelice granuliranega sladkorja

225 g/8 oz/2 skodelici navadne moke (univerzalne)

Ščepec soli

5 ml/1 žlička mletega cimeta

1 rumenjak

10 ml/2 žlički hladne vode

Nekaj kapljic vanilijeve esence (izvleček)

Za glazuro (glazuro):
8 oz/11/3 skodelic/225 g sladkorja (slaščice), presejan

30 ml/2 žlici vode

barvilo za hrano (neobvezno)

Stepajte maslo in sladkor, dokler ne postaneta svetla in puhasta. Vmešamo moko, sol in cimet, nato vmešamo še rumenjaka, vodo in vanilijevo esenco ter zmešamo trdo testo. Zavijte v plastično folijo in ohladite 30 minut.

Testo razvaljamo na ¼/5 mm debelo in z modelčki ali ostrim nožem izrežemo božične motive. Na vrhu vsakega piškota naredite luknjo, če ga želite obesiti na drevo. Modelčke položimo na pomaščen pekač in pečemo v predhodno ogreti pečici na 200°C/400°F/termostat 6 10 minut do zlato rjave barve. Naj se ohladi.

Sladkorju v prahu postopoma dodajajte vodo, dokler glazura ni precej gosta. Po želji pobarvajte majhno količino z različnimi barvami. Vzorčke namažemo na torte in pustimo, da se strdijo. Skozi luknjo za obešanje napeljite zanko traku ali vrvice.

Kokosovi piškoti

Daje 32

50 g/2 oz/3 žlice zlatega sirupa (svetla koruza)

2/3 skodelice/5 oz/150 g masla ali margarine

100 g/4 oz/½ skodelice granuliranega sladkorja

100 g/4 oz/1 skodelica navadne moke (univerzalna)

75 g/3 oz/¾ skodelice ovsenih kosmičev

50 g/2 oz/½ skodelice posušenega kokosa (nastrganega)

10 ml/2 žlički sode bikarbone (pecilnega praška)

15 ml/1 žlica tople vode

Skupaj stopite sirup, maslo ali margarino in sladkor. Vmešamo moko, ovsene kosmiče in nariban kokos. Pecilni prašek zmešajte s toplo vodo in nato dodajte preostale sestavine. Pustite, da se zmes nekoliko ohladi, nato jo razdelite na 32 delov in vsakega razvaljajte v kepo. Piškote (piškote) sploščimo in polagamo na pomaščen pekač. Pečemo v predhodno ogreti pečici na 160°C/325°F/termostat 3 20 minut do zlato rjave barve.

Koruzni kolački s sadno kremo

Daj 12

150 g/5 oz/1¼ skodelice polnozrnate pšenične moke

150 g/5 oz/1¼ skodelice koruzne moke

10 ml / 2 žlički pecilnega praška

Ščepec soli

225 g/8 oz/1 skodelica navadnega jogurta

75 g/3 oz/¼ skodelice čistega medu

2 jajci

45 ml/3 žlice olja

Za sadno kremo:
2/3 skodelice/5 oz/150 g masla ali margarine, zmehčane

1 limonin sok

Nekaj kapljic vanilijeve esence (izvleček)

30 ml/2 žlici finega sladkorja

225 g/8 oz jagod

Zmešamo moko, koruzni zdrob, pecilni prašek in sol. Jogurt, med, jajca in olje zmešamo v homogeno maso. Na rahlo pomokani površini ga razvaljamo približno 1/2 cm debelo in narežemo velike kroge. Položimo na pomaščen pekač in pečemo v predhodno ogreti pečici na 200°C/400°F/termostat 6 15 minut do zlato rjave barve.

Za pripravo sadne kreme zmešamo maslo ali margarino, limonin sok, vanilijev sladkor in sladkor. Nekaj jagod pustimo za okras, ostale nasekljamo in pretlačimo skozi cedilo, če želimo kremo brez pečk (koščic). Vmešajte mešanico masla in pustite, da se ohladi. Vsako torto pred serviranjem namažemo ali namažemo s kremno rožico.

Cornish piškoti

Daj 20

225 g/8 oz/2 skodelici samovzhajajoče moke (samovzhajajoča)

Ščepec soli

100 g/4 oz/½ skodelice masla ali margarine

2/3 skodelice/6 oz/175 g granuliranega sladkorja

1 jajce

Sladkor v prahu (slaščice), presejan, za posipanje

V skledi zmešajte moko in sol ter vmešajte maslo ali margarino, dokler zmes ne postane podobna drobtinam. Zmešajte sladkor. Vmešamo jajce in zgnetemo mehko testo. Na pomokani površini ga tanko razvaljamo in narežemo na kolobarje.

Položimo na pomaščen pekač in pečemo v predhodno ogreti pečici na 200°C/400°F/termostat 6 približno 10 minut do zlato rjave barve.

Polnozrnati piškoti z rozinami

Daje 36

100 g/4 oz/½ skodelice masla ali margarine, zmehčane

50 g/2 oz/¼ skodelice demerara sladkorja

2 jajci, ločeni

100 g/4oz/2/3 skodelice rozin

225 g/8 oz/2 skodelici polnozrnate pšenične moke

100 g/4 oz/1 skodelica navadne moke (univerzalna)

5 ml/1 čajna žlička. mlete začimbe (jabolčna pita)

¼ pt/150 ml/2/3 skodelice mleka in dodatno ščetkanje

Stepajte maslo ali margarino in sladkor, da postanejo rahli in puhasti. Rumenjake stepemo in vmešamo ribez. Zmešajte moko in mešanico začimb ter vmešajte v mlečno zmes. Beljake stepemo do mehkega in jih nato vmešamo v mehko testo. Testo razvaljamo na rahlo pomokani delovni površini, nato izrežemo z modelčkom za piškote 5 cm/2. Položimo na pomaščen pekač in premažemo z mlekom. Pečemo v predhodno ogreti pečici na 180°C/350°F/termostat 4 20 minut do zlato rjave barve.

Datljevi sendvič piškoti

Daj 30

8 oz/1 skodelica masla ali margarine, zmehčane

450 g/1 lb/2 skodelici sladkega rjavega sladkorja

225 g/8 oz/2 skodelici ovsenih kosmičev

225 g/8 oz/2 skodelici navadne moke (univerzalne)

2,5 ml/½ žličke pecilnega praška (pecilni prašek)

Ščepec soli

120 ml/4 oz/½ skodelice mleka

2 skodelici/8 oz/225 g datljev brez koščic, zelo drobno sesekljanih

250 ml / 8 fl oz / 1 skodelica vode

Maslo ali margarino in polovico sladkorja stepemo do rahle in puhaste mase. Zmešajte suhe sestavine in jih izmenično z mlekom dodajte k stepeni smetani, dokler ne nastane trdo testo. Razvaljamo na rahlo pomokani površini in z modelčkom za piškote narežemo na okrogle kose. Položimo na pomaščen pekač in pečemo v predhodno ogreti pečici na 180°C/350°F/termostat 4 10 minut do zlato rjave barve.

Vse ostale sestavine damo v ponev in zavremo. Zmanjšajte ogenj in med občasnim mešanjem kuhajte 20 minut, dokler se ne zgosti. Naj se ohladi. Nadev namažemo na piškote.

Krekerji za prebavo (Graham krekerji)

Daj 24

175 g/6 oz/1½ skodelice polnozrnate pšenične moke

50 g/2 oz/½ skodelice navadne moke (univerzalne)

50 g/2 oz/½ skodelice srednje valjanih ovsenih kosmičev

2,5 ml/½ žličke soli

5 ml/1 žlička pecilnega praška

100 g/4 oz/½ skodelice masla ali margarine

30 ml/2 žlici rjavega sladkorja

60 ml/4 žlice mleka

Zmešamo moko, ovsene kosmiče, sol in pecilni prašek, vmešamo maslo ali margarino in vmešamo sladkor. Postopoma dodajamo mleko in mešamo v mehko testo. Dobro gnetite, dokler ni več lepljivo. Razvaljajte na 5 mm/¼ debeline in z modelčkom za piškote razrežite na 5 cm/2 kroga. Položimo na pomaščen pekač in pečemo v predhodno ogreti pečici na 180°C/350°F/termostat 4 približno 15 minut.

Velikonočni piškoti

Daj 20

75 g/3 oz/1/3 skodelice masla ali margarine, zmehčane

100 g/4 oz/½ skodelice granuliranega sladkorja

1 rumenjak

150 g/6 oz/1½ skodelice samovzhajajoče moke (samovzhajajoča)

5 ml/1 čajna žlička. mlete začimbe (jabolčna pita)

15 ml/1 žlica sesekljanih mešanih olupkov (kandiranih)

50 g/2 oz/1/3 skodelice rozin

15 ml/1 žlica mleka

Sladkor v prahu (zelo fin) za posipanje

Maslo ali margarino in sladkor penasto stepemo. Rumenjak stepemo in dodamo moko ter začimbe. Vmešamo še lupinico in ribez ter toliko mleka, da dobimo trdo testo. Razvaljajte na približno 5 mm/¼ debeline in z modelčkom za piškote razrežite na 5 cm/2 kroge. Piškote položimo na pomaščen pekač in jih prebodemo z vilicami. Pečemo v predhodno ogreti pečici na 180°C/350°F/termostat 4 približno 20 minut do zlato rjave barve. Potresemo ga s sladkorjem.

Firentinci

Daj 40

100 g/4 oz/½ skodelice masla ali margarine

100 g/4 oz/½ skodelice granuliranega sladkorja

15 ml/1 žlica težke smetane

100 g/4 oz/1 skodelica sesekljanih orehov

75 g/3 oz/½ skodelice rozin (zlate rozine)

50 g/2 oz/¼ skodelice glaziranih češenj (kandiranih)

V kozici na majhnem ognju raztopimo maslo ali margarino, sladkor in smetano. Odstavite z ognja in vmešajte orehe, rozine in steklene češnje. Po polne čajne žličke kapljajte na krožnik, obložen z riževim papirjem. Pečemo v predhodno ogreti pečici na 180°C/termostat 4 10 minut. Ohlajajte na ploščah 5 minut, nato jih prestavite na rešetko, da se popolnoma ohladijo, pri čemer odrežite morebitni odvečni rižev papir.

Florentinska čokolada

Daj 40

100 g/4 oz/½ skodelice masla ali margarine

100 g/4 oz/½ skodelice granuliranega sladkorja

15 ml/1 žlica težke smetane

100 g/4 oz/1 skodelica sesekljanih orehov

75 g/3 oz/½ skodelice rozin (zlate rozine)

50 g/2 oz/¼ skodelice glaziranih češenj (kandiranih)

100 g/4 oz/1 skodelica navadne čokolade (polsladke)

V kozici na majhnem ognju raztopimo maslo ali margarino, sladkor in smetano. Odstavite z ognja in vmešajte orehe, rozine in steklene češnje. Po polne čajne žličke kapljajte na krožnik, obložen z riževim papirjem. Pečemo v predhodno ogreti pečici na 180°C/termostat 4 10 minut. Ohlajajte na ploščah 5 minut, nato jih prestavite na rešetko, da se popolnoma ohladijo, pri čemer odrežite morebitni odvečni rižev papir.

V toplotno odporni posodi nad vrelo vodo stopite čokolado. Namažemo na piškote in pustimo, da se ohladijo in strdijo.

Luksuzna florentinska čokolada

Daj 40

100 g/4 oz/½ skodelice masla ali margarine

100 g/4 oz/½ skodelice sladkega rjavega sladkorja

15 ml/1 žlica težke smetane

50 g/2 oz/¼ skodelice narezanih mandljev

50 g sesekljanih lešnikov

75 g/3 oz/½ skodelice rozin (zlate rozine)

50 g/2 oz/¼ skodelice glaziranih češenj (kandiranih)

100 g/4 oz/1 skodelica navadne čokolade (polsladke)

50 g/2 oz/½ skodelice bele čokolade

V kozici na majhnem ognju raztopimo maslo ali margarino, sladkor in smetano. Odstavite z ognja in vmešajte orehe, rozine in steklene češnje. Po polne čajne žličke kapljajte na krožnik, obložen z riževim papirjem. Pečemo v predhodno ogreti pečici na 180°C/termostat 4 10 minut. Ohlajajte na ploščah 5 minut, nato jih prestavite na rešetko, da se popolnoma ohladijo, pri čemer odrežite morebitni odvečni rižev papir.

Temno čokolado stopite v toplotno odporni posodi nad vrelo vodo. Namažemo na piškote in pustimo, da se ohladijo in strdijo. Na enak način v čisti posodi stopite belo čokolado, nato pa belo čokolado naključno prelijte po piškotih.

Fudge in goveje pecivo

Daj 30

75 g/3 oz/1/3 skodelice masla ali margarine, zmehčane

200 g/7 oz/ samo 1 skodelica granuliranega sladkorja

1 jajce, rahlo stepeno

100 g/4 oz/½ skodelice skute

5 ml/1 čajna žlička vaniljeve esence (izvleček)

150 g/5 oz/1¼ skodelice navadne moke (univerzalne)

25 g/1 oz/¼ skodelice kakava v prahu (nesladkana čokolada).

2,5 ml/½ čajne žličke pecilnega praška

1,5 ml/¼ žličke pecilnega praška (pecilni prašek)

Ščepec soli

25 g/1 oz/¼ skodelice sesekljanih orehov

25 g / 1 oz / 2 žlici granuliranega sladkorja

Maslo ali margarino in sladkor v prahu penasto stepite. Postopoma dodajamo jajca in skuto. Zmešajte ostale sestavine razen kristalnega sladkorja in zmešajte mehko testo. Zavijemo v aluminijasto folijo (plastično folijo) in postavimo v hladilnik za 1 uro.

Testo razvaljamo v kroglice velikosti oreha in povaljamo v kristalnem sladkorju. Piškote položimo na pomaščen pekač in pečemo v predhodno ogreti pečici na 180°C/350°F/termostat 4 10 minut.

nemški sladoled

Daj 12

2 oz/¼ skodelice/50 g masla ali margarine

100 g/4 oz/1 skodelica navadne moke (univerzalna)

25 g / 1 oz / 2 žlici granuliranega sladkorja

60 ml/4 žlice robidove marmelade (shranjene)

2/3 skodelice/100 g (pekovnega) presejanega granuliranega sladkorja

15 ml / 1 žlica limoninega soka

Maslo vtrite v moko, dokler zmes ne bo podobna krušnim drobtinam. Vmešajte sladkor in iztisnite pasto. Razvaljamo ga na ¼/5 mm debelo in z modelčkom za piškote narežemo na kroge. Položimo na pomaščen pekač in pečemo v predhodno ogreti pečici na 180°C/350°F/termostat 6 10 minut, dokler se ne ohladi. Naj se ohladi.

Sendviči čez piškote z marmelado. V skledo damo sladkor v prahu in na sredini naredimo jamico. Postopoma vmešajte limonin sok, da dobite glazuro. Prelijemo po kolačih in pustimo strjevati.

Ingverjeva torta

Daj 24

10 oz/300 g/1¼ skodelice masla ali margarine, zmehčane

225 g/8 oz/1 skodelica sladkega rjavega sladkorja

75 g/3 oz/¼ skodelice temnega sirupa (melasa)

1 jajce

2¼ skodelice/250 g navadne moke (univerzalne)

10 ml/2 žlički sode bikarbone (pecilnega praška)

2,5 ml/½ žličke soli

5 ml/1 žlička mletega ingverja

5 ml/1 čajna žlička mletih nageljnovih žbic

5 ml/1 žlička mletega cimeta

50 g/2 oz/¼ skodelice sladkornega prahu

Maslo ali margarino, rjavi sladkor, sirup in jajca penasto stepemo. Zmešajte moko, sodo, sol in začimbe. Vmešamo masleno mešanico in zgnetemo čvrsto testo. Pokrijte in ohladite 1 uro.

Iz testa naredite majhne kroglice in jih povaljajte v kristalnem sladkorju. Dobro položimo na pomaščen pekač in ga malo poškropimo z vodo. Pečemo v predhodno ogreti pečici na 190°C 12 minut, da zlato zapečejo in postanejo hrustljavi.

Ingverjevi piškoti

Daj 24

100 g/4 oz/½ skodelice masla ali margarine

225 g/8 oz/2 skodelici samovzhajajoče moke (samovzhajajoča)

5 ml/1 čajna žlička pecilnega praška (pecilni prašek)

5 ml/1 žlička mletega ingverja

100 g/4 oz/½ skodelice granuliranega sladkorja

45 ml/3 žlice. zlati sirup (lahka koruza), segret

Maslo ali margarino vtrite v moko, pecilni prašek in ingver. Vmešamo sladkor, vmešamo sirup in zgnetemo trdo testo. Na pomaščen pekač valjamo za oreh velike kroglice z dobrim razmikom ena od druge in rahlo potlačimo z vilicami. Piškote (biskvite) pečemo v predhodno ogreti pečici na 190°C/375°F/termostat 5 10 minut.

medenjak

Bo okoli 16

350 g/12 oz/3 skodelice samovzhajajoče moke (samovzhajajoča)

Ščepec soli

10 ml/2 žlički mletega ingverja

100 g/4 oz/1/3 skodelice zlatega sirupa (svetla koruza)

75 g/3 oz/1/3 skodelice masla ali margarine

25 g / 1 oz / 2 žlici granuliranega sladkorja

1 jajce, rahlo stepeno

Nekaj ribeza (neobvezno)

Zmešajte moko, sol in ingver. V kozici stopite sirup, maslo ali margarino in sladkor. Pustimo, da se nekoliko ohladi, dodamo suhe sestavine z jajcem in zgnetemo trdo testo. Na rahlo pomokani površini razvaljamo na ¼/5 mm debelo in izrežemo z modelčkom za piškote. Količina za pripravo je odvisna od velikosti jagod. Polagamo na rahlo pomaščen pladenj in po želji nežno vtisnemo v ribezove kolačke (piškote) za oči in mozolje. Pečemo v predhodno ogreti pečici na 180°C/350°F/termostat 4 15 minut, dokler niso zlatorjavi in čvrsti.

Peklenski medenjaki

Daj 24

200 g/7 oz/1¾ skodelice polnozrnate pšenične moke

10 ml / 2 žlički pecilnega praška

10 ml/2 žlički mletega ingverja

100 g/4 oz/½ skodelice masla ali margarine

50 g/2 oz/¼ skodelice sladkega rjavega sladkorja

60 ml/4 žlice bistrega medu

Zmešamo moko, pecilni prašek in ingver. Maslo ali margarino raztopimo s sladkorjem in medom, nato pa vmešamo v suhe sestavine in zgnetemo trd testo. Na pomokani delovni površini razvaljamo in z modelčkom izrežemo rezine. Položimo na pomaščen pekač in pečemo v predhodno ogreti pečici na 190°C/termostat 5 12 minut, dokler površina ne postane zlatorjava in hrustljava.

Ingverjevi in riževi krekerji

Daj 12

225 g/8 oz/2 skodelici navadne moke (univerzalne)

2,5 ml/½ čajne žličke mletega muškatnega oreščka

10 ml/2 žlički mletega ingverja

75 g/3 oz/1/3 skodelice masla ali margarine

175 g/6 oz/¾ skodelice granuliranega sladkorja

1 jajce, pretepeno

5 ml/1 žlička limoninega soka

30 ml/2 žlici. mleti riž

Zmešamo moko in začimbe, vmešamo maslo ali margarino, da zmes postane podobna drobtinam in vmešamo sladkor. Jajce in limonin sok zmešamo v trdo testo in nežno pregnetemo, da postane gladko. Delovno površino potresemo z mletim rižem in testo razvaljamo na 1/2 cm debelo. Z rezalnikom za pecivo razrežemo na 5 cm/2 kose. Položimo na pomaščen pekač in pečemo v predhodno ogreti pečici na 180°C/350°F/termostat 4 20 minut, dokler se strdi.

zlati piškoti

Daje 36

75 g/3 oz/1/3 skodelice masla ali margarine, zmehčane

200 g/7 oz/ samo 1 skodelica granuliranega sladkorja

2 jajci, rahlo stepeni

225 g/8 oz/2 skodelici navadne moke (univerzalne)

10 ml / 2 žlički pecilnega praška

5 ml/1 žlička naribanega muškatnega oreščka

Ščepec soli

Jajca ali mleko za zamrzovanje

Sladkor v prahu (zelo fin) za posipanje

Maslo ali margarino in sladkor penasto stepemo. Postopoma vmešamo jajca, nato vmešamo še moko, pecilni prašek, muškatni oreščekin sol ter zmesimo mehko testo. Pokrijte in pustite stati 30 minut.

Testo razvaljamo na rahlo pomokani površini na približno ¼/5 mm debelo in jih z modelčkom za piškote narežemo na kroge. Položimo na pomaščen pekač, premažemo z jajcem ali mlekom in potresemo s sladkorjem. Pečemo v predhodno ogreti pečici na 200°C/400°F/termostat 6 8-10 minut do zlato rjave barve.

Lešnikovi piškoti

Daj 24

100 g/4 oz/½ skodelice masla ali margarine, zmehčane

50 g/2 oz/¼ skodelice sladkornega prahu

100 g/4 oz/1 skodelica navadne moke (univerzalna)

25 g/1 oz/¼ skodelice mletih lešnikov

Stepajte maslo ali margarino in sladkor, da postanejo rahli in puhasti. Postopoma vmešajte moko in orehe, dokler testo ni trdo. Razvaljajte v majhne kroglice in jih odložite na pomaščen pekač. Piškote (biskvite) pečemo v predhodno ogreti pečici na 180°C/termostat 4 20 minut.

Krhki lešnikovi piškoti

Daj 40

100 g/4 oz/½ skodelice masla ali margarine, zmehčane

100 g/4 oz/½ skodelice granuliranega sladkorja

1 jajce, pretepeno

5 ml/1 čajna žlička vaniljeve esence (izvleček)

175 g/6 oz/1½ skodelice navadne moke (univerzalne)

50 g/2 oz/½ skodelice mletih lešnikov

50 g sesekljanih lešnikov

Stepajte maslo ali margarino in sladkor, da postanejo rahli in puhasti. Postopoma vmešamo jajce in vanilijevo esenco, nato vmešamo moko, lešnike v prahu in lešnike ter zgnetemo testo. Zvaljajte v kepo, zavijte v plastično folijo in postavite v hladilnik za 1 uro.

Testo razvaljamo na ¼/5 mm debelo in z modelčkom za piškote izrežemo rezine. Položimo na pomaščen pekač in pečemo v predhodno ogreti pečici na 200°C/400°F/termostat 6 10 minut do zlato rjave barve.

Lešnikovi in mandljevi piškoti

Daj 24

100 g/4 oz/½ skodelice masla ali margarine, zmehčane

75 g/3 oz/½ skodelice sladkorja (slaščice), presejanega

50 g/2 oz/1/3 skodelice mletih lešnikov

50 g/2 oz/1/3 skodelice mletih mandljev

100 g/4 oz/1 skodelica navadne moke (univerzalna)

5 ml/1 čajna žlička mandljeve esence (izvleček)

Ščepec soli

Stepajte maslo ali margarino in sladkor, da postanejo rahli in puhasti. Ostale sestavine zmešamo v čvrsto testo. Zvaljajte v kepo, pokrijte s plastično folijo (plastično folijo) in postavite v hladilnik za 30 minut.

Testo razvaljamo na približno 1/2 cm debelo in z modelčkom zarežemo rezine. Položimo na pomaščen pekač in pečemo v predhodno ogreti pečici na 180°C/350°F/termostat 4 15 minut do zlato rjave barve.

Medene torte

Daj 24

75 g/3 oz/1/3 skodelice masla ali margarine

100 g/4 oz/1/3 skodelice medu

225 g/8 oz/2 skodelici polnozrnate pšenične moke

5 ml/1 žlička pecilnega praška

Ščepec soli

2 oz/¼ skodelice/50 g muscovado sladkorja

5 ml/1 žlička mletega cimeta

1 jajce, rahlo stepeno

Stopite maslo ali margarino in med, dokler se ne povežeta. Zmešajte ostale sestavine. Maso po žlicah nalagamo na pomaščen pekač in pečemo v predhodno ogreti pečici na 180°C/350°F/termostat 4 15 minut do zlato rjave barve. Pustite, da se ohladi 5 minut, preden jo premaknete na rešetko, da dokončate ohlajanje.

Ratafijski med

Daj 24

2 beljaka

100 g/4 oz/1 skodelica mletih mandljev

Nekaj kapljic mandljeve esence (izvleček)

100 g/4 oz/1/3 skodelice navadnega medu

rižev papir

Iz beljakov stepamo trd sneg. Nežno vmešajte mandlje, mandljevo esenco in med. Zmes po žlicah nalagamo na pekač, obložen z riževim papirjem, in pečemo v predhodno ogreti pečici na 180°C/350°F/termostat 4 15 minut do zlato rjave barve. Pustite, da se malo ohladi in nato odtrgajte papir.

Medeni piškoti iz pinjenca

Daj 12

2 oz/¼ skodelice/50 g masla ali margarine

225 g/8 oz/2 skodelici samovzhajajoče moke (samovzhajajoča)

175 ml / 6 fl oz / ¾ skodelice pinjenca

45 ml/3 žlice čistega medu

V moko vgnetemo maslo ali margarino, dokler zmes ne spominja na krušne drobtine. Zmešajte pinjenec in med ter zmešajte trdo testo. Položite ga na rahlo pomokano površino in gnetite do gladkega, nato ga razvaljajte na ¾/2 cm debelo in z modelčkom za piškote narežite na 2/5 cm velike kroge. Položimo na pomaščen pekač in pečemo v predhodno ogreti pečici na 230°C/450°F/termostat 8 10 minut do zlato rjave barve.

Piškoti z limoninim maslom

Daj 20

100 g/4 oz/1 skodelica mletega riža

100 g/4 oz/1 skodelica navadne moke (univerzalna)

75 g/3 oz/1/3 skodelice granuliranega sladkorja

Ščepec soli

2,5 ml/½ čajne žličke pecilnega praška

100 g/4 oz/½ skodelice masla ali margarine

naribana lupinica 1 limone

1 jajce, pretepeno

Zmešajte mlet riž, moko, sladkor, sol in pecilni prašek. Maslo gnetite, dokler zmes ne spominja na krušne drobtine. Vmešajte limonino lupinico in vmešajte toliko jajc, da dobite trdo testo. Rahlo pregnetemo, nato razvaljamo na pomokano delovno površino in z modelčkom izrežemo oblike. Položimo na pomaščen pekač in pečemo v predhodno ogreti pečici na 180°C/350°F/termostat 4 30 minut. Nekoliko ohladite na pekaču, nato pa prestavite na rešetko, da se popolnoma ohladi.

limonini piškoti

Daj 24

100 g/4 oz/½ skodelice masla ali margarine

100 g/4 oz/½ skodelice granuliranega sladkorja

1 jajce, rahlo stepeno

225 g/8 oz/2 skodelici navadne moke (univerzalne)

5 ml/1 žlička pecilnega praška

Naribana lupinica ½ limone

5 ml/1 žlička limoninega soka

30 ml/2 žlici demerara sladkorja

Na šibkem ognju ob stalnem mešanju raztopimo maslo ali margarino in sladkor, dokler se zmes ne začne gostiti. Odstavite z ognja in vmešajte jajca, moko, pecilni prašek, limonino lupinico in sok ter zmešajte v pasto. Pokrijte in ohladite 30 minut.

Iz testa oblikujemo kroglice in jih polagamo na pomaščen pekač, stisnemo z vilicami. Potresemo z demerara sladkorjem. Pečemo v predhodno ogreti pečici na 180°C/350°F/termostat 4 15 minut.

Dobri časi

Daje 16

100 g/4 oz/½ skodelice masla ali margarine, zmehčane

75 g/3 oz/1/3 skodelice granuliranega sladkorja

1 jajce, pretepeno

150 g/5 oz/1¼ skodelice navadne moke (univerzalne)

10 ml / 2 žlički pecilnega praška

Ščepec soli

8 glaziranih češenj (kandiranih), razpolovljenih

Stepajte maslo ali margarino in sladkor, da postanejo rahli in puhasti. Postopoma dodajamo jajce in vmešamo moko, pecilni prašek in sol. Previdno zgnetite gladko testo. Iz testa oblikujte 16 enako velikih kroglic in jih široko narazen položite na pomaščen pekač. Nekaj sploščimo in na vsako položimo polovico češnje. Pečemo v predhodno ogreti pečici na 180°C/350°F/termostat 4 15 minut. Pustite, da se ohladi na pekaču 5 minut, nato prestavite na rešetko, da se popolnoma ohladi.

Muesli piškoti

Daj 24

100 g/4 oz/½ skodelice masla ali margarine

100 g/4 oz/1/3 skodelice navadnega medu

75 g/3 oz/1/3 skodelice sladkega rjavega sladkorja

100 g/4 oz/1 skodelica polnozrnate moke

100 g/4 oz/1 skodelica ovsa

50 g/2 oz/1/3 skodelice rozin

50 g/2 oz/1/3 skodelice rozin (zlate rozine)

2 unči / 1/3 skodelice datljev brez koščic, narezanih

2 unči / 1/3 skodelice pripravljenih suhih marelic, sesekljanih

1 unča/¼ skodelice sesekljanih orehov

25 g/1 oz/¼ skodelice sesekljanih lešnikov

Stopite maslo ali margarino z medom in sladkorjem. Dodamo ostale sestavine in zmesimo gosto testo. Žličke položite na pomaščen pladenj in jih enakomerno pritisnite. Piškote (biskvite) pečemo v predhodno ogreti pečici na 180°C/350°F/termostat 4 20 minut do zlato rjave barve.

www.ingramcontent.com/pod-product-compliance
Lightning Source LLC
Chambersburg PA
CBHW050347120526
44590CB00015B/1588